中公新書 2331

梯 久美子著

カラー版 廃線紀行—もうひとつの鉄道旅

中央公論新社刊

はじめに——歩く鉄道旅のすすめ

廃線とは、廃止になった鉄道路線のことである。もしあなたが鉄道が好きで、歩くことも好きなら、ぜひ廃線歩きを経験してみてほしい。きっと、鉄道旅の新しい楽しみ方を発見できるはずだ。

線路が撤去されずに残っている新しい廃線では、レールや枕木を踏みながら歩く経験ができるし、明治時代に廃止になった路線でも、アーチが美しいレンガ造りのトンネルや、どっしりとした石積みの橋脚などが、ちゃんと残っている。

廃線歩きの基本は、かつての線路の跡を徒歩でたどることである。すると、走っている列車から見るのとは違った景色が見えてくる。鉄道旅の楽しさの大きな要素は、心地よいスピード感——近くの景色はすばやく流れ、遠くの風景はゆっくり変化する——だが、歩く速さでしか発見できないものもある。雑草の陰に隠れたキロポスト、錆《さ》びかけた信号機や警報機、蔓《つる》性の植物がからみついた架線柱……。靴底に硬いものが触れて地面を見ると、とっくにレールが撤去された道床《どうしょう》から、白っぽく風化した枕木がなかば土に埋もれながら顔を出していたりする。

何度か廃線を歩いていると、だんだん痕跡を見つけるコツがわかってきて、たとえば線路跡に沿って石やコンクリートの段差が続いていると、これはホームの跡だな、と見当がつく。何の痕跡も残っていない区間を古い地図を頼りにたどるようなとき、いかにも鉄道の線路っぽくゆるやかなカーブを描いている道を見つけて、これは線路跡が転用された道路ではないか、などと推測するのも楽しい。歩く楽しさに探索の面白さが加わって、気分は鉄道探偵である。

本書では、北海道から鹿児島県まで、私が旅をした五〇の廃線を取り上げている。時代で言うと、古くは明治四十年（一九〇七年）に廃止になった関西鉄道大仏線から、新しいところでは平成十九年（二〇〇七年）に廃止になったくりはら田園鉄道および鹿島《かしま》鉄道まで、一〇〇年間の廃線の歴史をたどったことになる。

廃線歩きというと、藪《やぶ》をこぎ、土手をよじのぼり、崩れそうなトンネルにも踏み込んでいく……というイメージを持っている人もいるかもしれないが、私の場合、女性の一人旅ということもあって、危険をともなう探索はしないことにしている。廃線であっても線路の敷地内に入ることが禁止されている場所があるが、言うまでもなくそうしたところには立ち入らない。また、路線距離が長かったり、一部が山の中を通っていたりして、全部を歩き通すことが難しい場合は、歩きやすい区間を徒歩でたどり、あとはバスやタクシーのお世話になることにしている。体力に自信があるわけではなく、クルマの運転もしないので、無理をせず、マイペースで気ままに歩く。それでも廃線の魅力は十分に味わえる。

廃線といっても人家もないような寂しい場所ばかりを通っているわけではなく、市街地で廃線歩きを楽しめるところもたくさんある。本書で取り上げた中では、国鉄手宮《てみや》線（小樽《おたる》市）、東京都港湾局専用線晴海《はるみ》線（東京都江東区・中央区）、横浜臨港線・山下臨港線（横浜市）、名鉄瀬戸《せと》線旧線（名古屋市）、蹴上《けあげ》インクライン（京都市）、姫路《ひめじ》市営モノレール（姫路市）、国鉄宇品《うじな》線（広島市）などは、電車で気軽に出かけ、駅から歩き始めて半日もあれば全線を徒歩でたどることができる。人の少ない場所を通らずにすみ、それでいて見どころは多いので、廃線初心者や女性は、まずはこのあたりから歩いてみることをおすすめする。そのほかの廃線も、出かけやすく歩きやすいところを選んだつもりだ。

私の場合、廃線歩きには基本的に一人で出かける。なので、本書に収録した写真はすべて自分で撮影したものである。だが実を言うと、以前は鉄道の写真を撮ることに熱心ではなかった。昔から鉄道旅が好きで、日本各地の鉄道に乗ってきたが、世の中にはすばらしくきれいな鉄道写真が数限りなくあり、鉄道雑誌やインターネットでいくらでも見ることができる。あえて自分で撮らなくてもいいのではないかと思っていたのだ。

それが本格的に廃線歩きを始めてから、がぜん自分で撮りたくなった。廃線の写真はまだあまり多く出回っていないし、何よりも、歩いて見つけた自分だけの景色があるからだ。

本書には、それぞれの廃線の代表的な遺構の写真を収録したが、もっとささやかで個人的な写真もたくさん撮っている。傾いたキロポストや朽ちかけたホームの石段、レールの上を歩く猫、林の中で遭遇したキタキツネ、道を教えてくれたおじいさん、缶コーヒーをおごってくれたタクシーの運転手さんなど、心惹《ひ》かれるものや人に出会うたびにシャッターを押した。そうやって撮ったたくさんの写真は、大切な旅の記録であり、一生の宝物である。こんなふうに、自分だけの風景を見つけてオリジナルな写真が撮れることも、廃線歩きの醍醐味《だいごみ》だろう。

廃線の風景はどこかもの寂しいが、それでもそこで出会う遺構や痕跡には、人の手で造られ、守られ、長く使われてきたものが持つ独特の力強さとあたたかさがある。疲れたり落ち込んだりしたとき、手つかずの自然の中で癒されたいという人と、人の手で作られたものから力をもらいたいという人がいる。後者の人ならきっと、廃線の旅から得るものがあるのではないだろうか。もちろん私もそのひとりである。

目次

関東

中部

近畿

中国・四国

九州

①
②
③
④
⑤
⑥
⑦
⑧
⑨
⑩
⑪
⑫
⑬
⑭
⑮
⑯
⑰
⑱
⑳
㉑
㉒

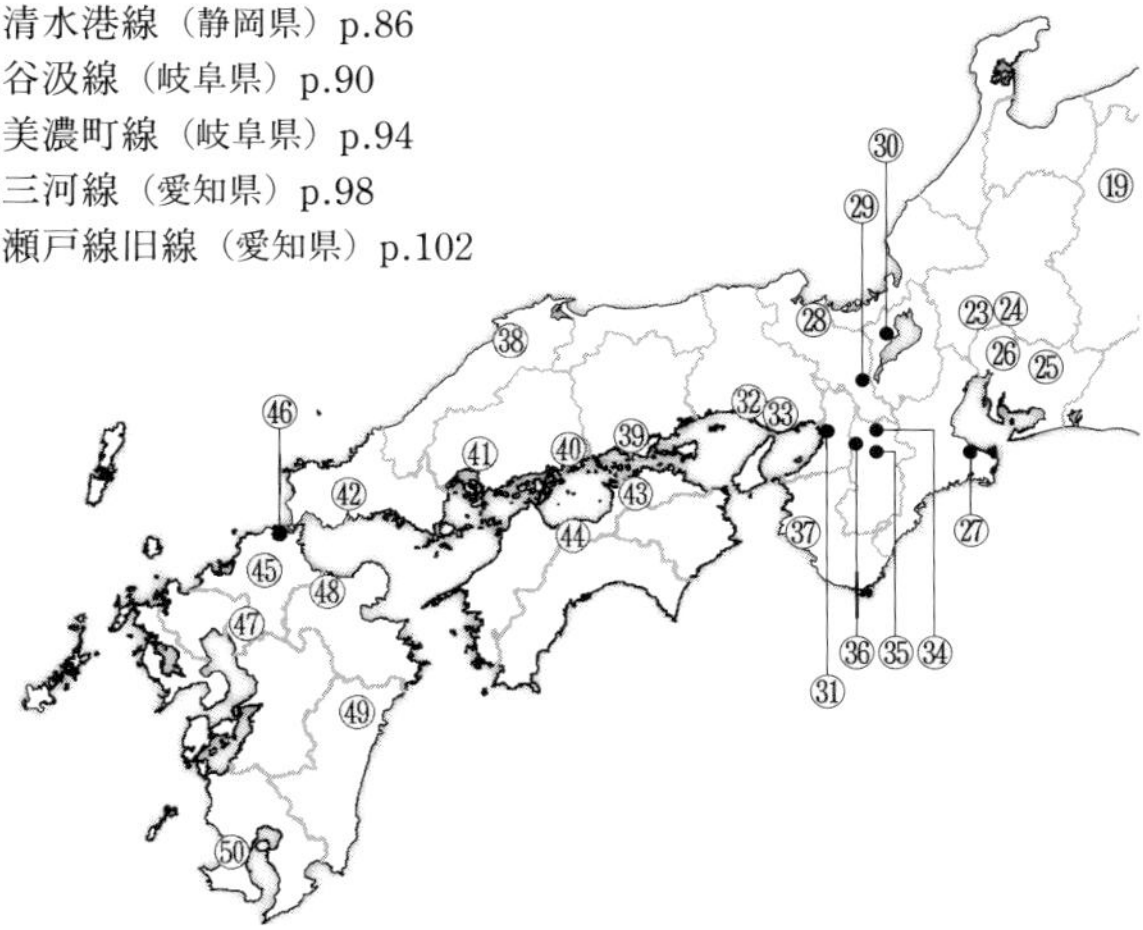
㉚
⑲
㉙
㉓㉔
㉘
㉖
㉕
㊳
㉜㉝
㊻
㊴
㊶
㊵
㊷
㊸
㉗
㊲
㊹
㊺
㊽
㊼
㊱㉟㉞
㉛
㊾
㊿

カラー版　廃線紀行——もうひとつの鉄道旅

下《しも》夕《ゆう》張《ばり》森《しん》林《りん》鉄《てつ》道《どう》夕《ゆう》張《ばり》岳《だけ》線《せん》

インターネットでこの橋の写真を見て一目惚《ひとめぼ》れし、北海道までやってきた。夕張《ゆうばり》市のシューパロ湖にかかる三弦橋《さんげんきょう》。かつてこの地を走っていた、下夕張森林鉄道夕張岳線の遺構である。

緑の山々に抱かれた湖を低く横切る優美な姿。全長は三八一・八メートルある。森林鉄道の橋梁《きょうりょう》では全国でも例のないこの長さが、橋全体をほっそりと軽やかに見せている。現役の鉄道橋を含めても、これほど絵になる橋にはなかなかお目にかかれない。

美しいだけではない。この橋は、四角錐《しかくすい》（ピラミッド形）を並べて連結した独特の構造になっている。「三弦トラス橋」と呼ばれる、世界でも数例しか建設されなかったタイプの橋で、建設当時のまま現存しているのはここだけだといわれている。

北海道

［廃止区間］
南大夕張駅ー
夕張岳直下

［廃止時期］
昭和38年（1963年）

［路線距離］
16.3km

実際に目にすると、不思議に心をひかれる形だ。もし鉄道に乗ってこの橋を渡ったとしたら、無数につらなる三角形の中を通ることになる。鏡のように静かな湖の上を、赤い三角形を次々とくぐりながら走り抜けるところを想像すると、胸がおどる。ここを走っていたのは森林鉄道なので、実際にそんな経験ができたのは機関士だけだったのかと思ったら、夕張岳への登山客も利用していたそうだ。うらやましい限りである。

実はこの橋は、湖の底に沈む運命にある。シューパロ湖は大夕張《おおゆうばり》ダムのダム湖だが、建設中の新しいダムが完成すると、湖面は約三〇メートル上昇し、橋も水没してしまうのである。

かつての炭都として知られる夕張市だが、林業もまた、石炭と並ぶ主要産業だった。下夕張森林鉄道夕張岳線は、夕張市を走っていた三本の森林鉄道のうちの一本で、三菱《みつびし》鉱業大夕張鉄道の南大夕張駅から夕張岳の直下まで一六・三キロを結んでいた。

開通は昭和二十一年（一九四六年）で、

シューパロ湖にかかる三弦橋。正式名称は「下夕張森林鉄道夕張岳線第一号橋梁」。現在はダム湖に沈んでいる

このときはシューパロ湖も三弦橋もまだなかった。その後、ダムが作られ、路線の一部が水没することになったため、ダム湖をまたぐ三弦橋が建設されたのである。三弦橋は昭和三十三年（一九五八年）に供用が開始されたが、森林資源の輸送はトラックに移り、同三十八年（一九六三年）には夕張岳線が廃線になってしまう。地元出身の技術者が、周囲の景観に配慮して設計した美しい橋は、わずか五年間しか使われることがなかった。

そして今度は、新たなダム建設によって、地上から姿を

消してしまう。まさに美人薄命である。

夕張岳線には、三弦橋の他にも大夕張ダムの建設にともなって造られた橋が五つあり、シューパロ湖の対岸から望むことができる。いずれも小さな橋だが、森の緑に赤い色が映えて美しい。

廃線跡は一部が林道となっているが、熊が出たという情報があり、徒歩はあきらめて行けるところまで車でたどってみた。途中、木立の陰から何かが走り出してきて一瞬ドキッとしたが、熊ではなくキタキツネだった。通り過ぎてから振り返ると、きょとんとした表情でこちらを見つめていた。

（二〇一〇年七月取材）

【その後】完成した新しいダム（夕張シューパロダム）は平成二十六年（二〇一四年）三月から試験湛水《たんすい》が始まり、それによって三弦橋は同年四月に水没した。翌平成二十七年（二〇一五年）一月に試験湛水が終了して水位が下がり、いったん姿を見せたが、四月に再び水没した。ダムの管理事務所によれば、今後、ダムの水位の変化によっては姿を現す可能性があるが、おそらく数年に一度くらいだろうという。

国《こく》鉄《てつ》根《こん》北《ぽく》線《せん》

古代遺跡のような威容を何とか伝えたいと、カメラを手に、あちこち立ち位置を変えて三〇分以上粘ってみたが、この橋の全景をとらえるのは、やはり無理だった。

国道244号を斜里《しゃり》町《ちょう》から標津《しべつ》町《ちょう》に向かって車を走らせると、根北峠にさしかかる手前に、コンクリートの一〇連アーチ橋が忽然《こつぜん》と現れる。

根北線最大の遺構、越川《こしかわ》橋梁（第一幾品川《いくしながわ》橋梁）。最大地上高二一・七メートル、全長は一四七メートルもある。しかし、昭和十五年（一九四〇年）に完成したこの巨大な橋を列車が走ることは一度もなかった。

知床《しれとこ》半島の付け根を横断する鉄道として根北線が構想されたのは、大正十一年（一九二二年）のことだった。当初の計画では、斜里（現・知床斜里）ー

北海道

［廃止区間］
斜里駅ー越川駅

［廃止時期］
昭和45年（1970年）
12月1日

［路線距離］
12.8km

芯材を使わず建設された全長147メートルの十連アーチ橋は、結局一度も使われずに終わった。平成10年（1998年）に国の登録有形文化財になった

標津間の五七・二キロを結ぶことになっていた。目的は北海道東部の開拓だったが、昭和六年（一九三一年）に満洲事変が勃発。工事が始まった昭和十三年には、敷設の目的は、対ソ戦を想定した「国防」に変わっていた。

斜里から越川までの一二・八キロは完成したものの、日中戦争が激化したことで、昭和十五年に工事は中断。レールははがされ、戦争のために供出された。

戦後一〇年以上を経た昭和三十二年になって、やっと斜里—越川間が開通したが、越川から先は着工されず、昭和四十五年（一九七〇年）には、全国の赤字

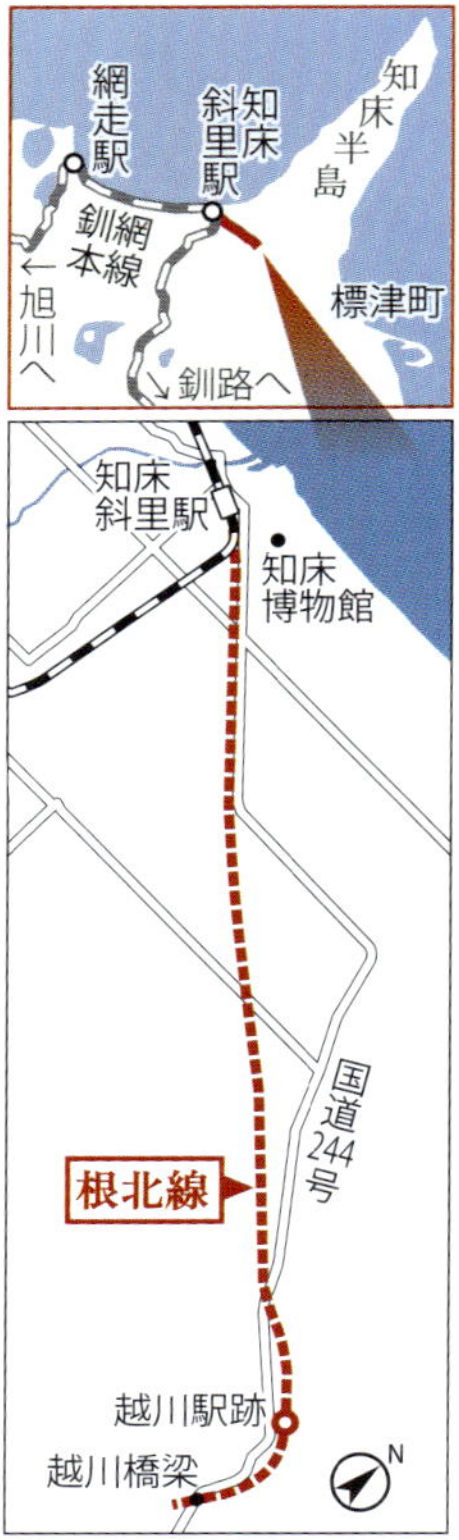

路線の筆頭として廃止される。わずか一三年の短命路線だった。

旧越川駅の先にあった越川橋梁は、結局は使われないまま役目を終えた。時代に翻弄された悲運の橋を、地元では「渡らずの橋」と呼んだそうだ。昭和四十八年（一九七三年）、国道の改良工事のため橋脚が二本撤去され、橋梁は道の左右に分断されてしまった。

根北線の廃線跡にはほかに目立った遺構はなく、今回の取材では、ほとんどこの橋梁を見るためだけに知床まで出かけたのだった。

原生林に半ば隠れるようにして巨大な遺構は佇《たたず》んでいた。長年風雪にさらされてきた橋梁は、ざらざらとして白っぽく、さいはての地の鉄道史を象徴しているようだ。

断ち切られたアーチの断面に鉄筋は一本も見えない。戦時中、貴重な鉄を使うことが許されず、コンクリートのみを使って建設されたためだ。

以前、宮原線《みやのはる》（熊本県・大分県）の廃線跡を訪ねたとき、やはり戦時中に造られた、鉄筋が一本も使われていない橋を見たが、こちらはかわりに竹が使われていた。芯材をまったく使っていない越川橋梁が、建設から七〇年以上もの間、堂々と立ち続けているのは奇跡のように思える。

＊

帰りに斜里町にある町立知床博物館を訪れてみた。受付にいた若い女性職員に「根北線関係の展示はありますか」と尋ねると、「はい！」と嬉《うれ》しそうに答えた後、「……でも入場料が三〇〇円かかるんです」と、世にも申し訳なさそうな顔で言った。こんなに生真面目で可憐《かれん》な女の子を見たのは久しぶりで、あらためてこの町が好きになった。

根北線の資料はそれほど多くはなかったが、内容はなかなか充実していた。開通を報じた当時の新聞が展示されていて、〈一万七千住民中には初めて列車に乗る人々も相当おり、特に老人の間では、〝これで冥土の土産話《みやげばなし》ができた〟と感涙する風景もあった〉（『北海日日新聞』）などとある。

根北線は、大正時代からの誘致活動がやっと実って開通した路線だった。鉄道が、明るい将来の象徴だった時代が確かにあったのだ。昭和は遠くになりにけり、という気分で、博物館を後にした。

（二〇一一年七月取材）

国《こく》鉄《てつ》手《て》宮《みや》線《せん》

取材の前日は雪。当日、市街地ではあらかた溶けてしまっていたが、廃線跡にはきれいに残っていた。レールの上を猫が歩いていく。面白いと思ってカメラを向けると、タタタと駆けてどこかへ行ってしまった。見ると、雪の上にもそこかしこに小さな足跡が。猫たちの抜け道になっているのかもしれない。

北海道

［廃止区間］
手宮駅―南小樽駅

［廃止時期］
昭和60年（1985年）
11月5日

［路線距離］
2.8km

明治十三年（一八八〇年）、手宮―札幌間に北海道初の鉄道が開通した。その後、明治三十八年に函館《はこだて》と現在の南《みなみ》小樽《おたる》の間が開通して函館から札幌までがつながると、手宮

国の重要文化財に指定されている旧日本郵船小樽支店の裏手を通る廃線跡。沿線には歴史を感じさせる建物が多い

—南小樽間は支線となり、手宮線と呼ばれるようになる。昭和三十七年（一九六二年）に旅客営業が終了、同六十年には貨物線としての役割も終え、一〇五年の歴史を閉じた。

＊

廃止から四半世紀をへた手宮線の跡を訪ねた。札幌駅から函館本線に乗り、南小樽駅で降りる。構内の跨線橋《こせんきょう》から見下ろすと、小樽駅方向に延びる函館本線の線路と並行して、この駅から始まるもう一本の線路が見えた。これが手宮線の線路で、レールも枕木もそのまま残っている。

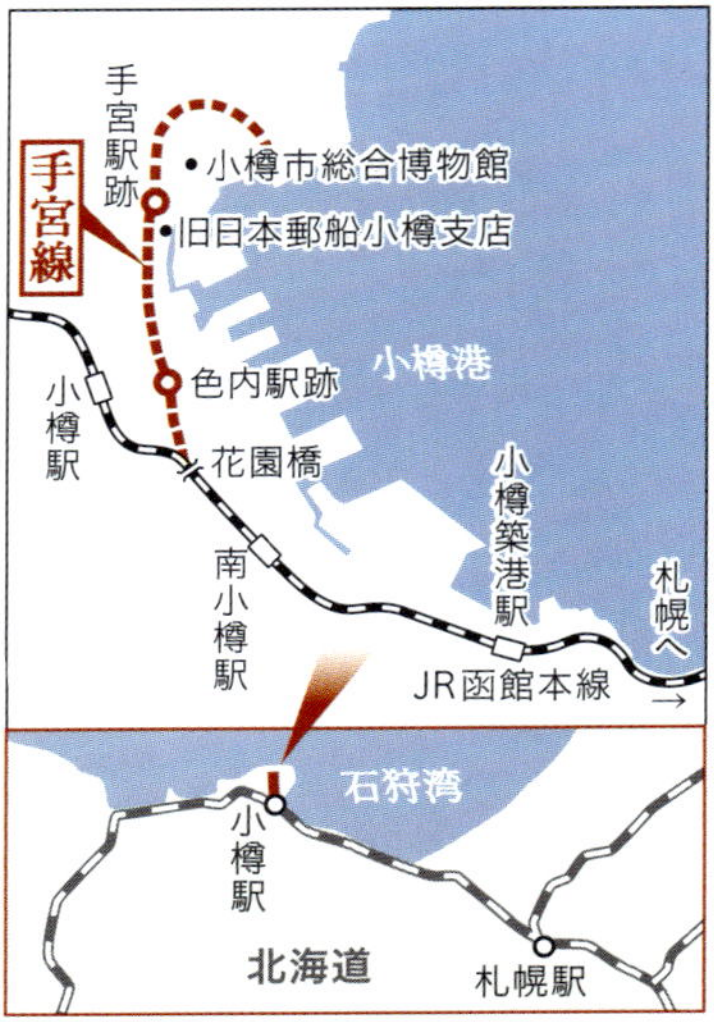

改札を出ると、真鍮《しんちゅう》製の古い鐘が吊《つ》り下がっていた。手宮駅を汽車が出るとこの鐘を鳴らして乗客に知らせたのだという。使用されたのは明治十三年から四十年（一九〇七年）まで。開通当初には運行時刻が正確でなかったためだが、何とものどかな感じがする。

のどかといえば、手宮線で通勤していた小林多喜二《こばやしたきじ》のエピソードがある。『蟹《かに》工船《こうせん》』で知られるプロレタリア作家の小林多喜二は、小樽築港《おたるちっこう》駅のすぐ近くに住んでおり、色内《いろない》駅のそばにあった北海道拓殖銀行に勤めていた。朝、駅手前のトンネルに入る汽車が汽笛を鳴らすと、それを合図にネクタイを持って裏口から家を出て、線路づたいにホームに駆け込んだ。家族が間に合ったか心配していると、家の前を通る汽車のデッキでネクタイを締めながら笑顔で手を振ったという。

多喜二はおそらく南小樽駅で函館本線から手宮線に乗り換えたのだろう。本数は少ないが直通運転する汽車もあったというから、あるいはそれに乗っていたかもしれない。

南小樽駅を出た手宮線は函館本線と並行して走り、やがて右方向にゆるやかにカーブする。

ちょうどその地点の上に花園橋《はなぞのばし》という橋が架かっており、そこに立つと二本の線路が分かれていく様子がよくわかる。

南小樽駅から、花園橋の少し先の、現在は「寿司屋横町」と呼ばれているあたりまで、手宮線は深い切り通しの谷間を走っていた。この部分は現在徒歩でたどることはできないが、そこから先はレールや踏切、転轍機《てんてつき》などの残る廃線跡を歩くことができる。ある踏切では「この踏切には敷板がありませんので車両（馬そりを除く）は通行できません」という古い標識を発見した。雪国では欠かせない交通手段だった馬そりが走っていた時代のものだ。

旧手宮駅が近づくと、緑色の屋根を戴《いただ》いた石造りの建物が現れた。明治三十九年（一九〇六年）に建てられた旧日本郵船小樽支店である。廃線跡から見えるのは建物の裏側だが、金融と海運の街だった小樽の繁栄がしのばれる、堂々たる美しさだ。

手宮駅の構内は現在、小樽市総合博物館になっている。蒸気機関車からラッセル車、日本銀行所有の現金輸送車まで、さまざまな車両のほか、機関車庫や転車台などの施設も見ることができる。

二・八キロの短い盲腸線（終点または起点が他の路線と接続していない鉄道路線）ながら見どころが多く、まさに絵になる路線。気がつくと二〇〇枚以上の写真を撮っていた。

（二〇一一年十一月取材）

定《じょう》山《ざん》渓《けい》鉄《てつ》道《どう》

北海道

［廃止区間］
白石駅—定山渓駅

［廃止時期］
昭和44年（1969年）
11月１日

［路線距離］
29.9km

私が育った北海道には「観楓会《かんぷうかい》」なるものがある。紅葉の頃に開かれる宴会で、近場の温泉などに一泊し、飲んで歌って盛り上がる。昭和四十四年（一九六九年）に廃止になった定山渓鉄道のことを調べていたら、この観楓会のことが出てきて、へえっと思った。札幌近郊の定山渓温泉へ「観楓団体列車」なるものが運行し、大変な人気だったという。

大正から昭和初期にかけてのことだ。豆機関車と呼ばれた小型の蒸気機関車に引かれて走る、これまた小さな木製の客車で、酒盛りをしながら沿線の紅葉を眺めたそうだ。さ

定山渓鉄道で唯一、現役時代の駅舎が残っている石切山駅跡。昭和24年（1949年）建設。木造で基礎部分には地元で切り出された石が使われている

ぞ楽しかったことだろう。

　定山渓鉄道は、大正七年（一九一八年）に白石《しろいし》―定山渓間の二九・九キロが開通、定山渓方面から木材や石材、鉱石などを運ぶ一方、札幌市内から定山渓温泉への観光客の足ともなった。昭和二十年（一九四五年）、戦時特例による線路の供出命令によって白石―東札幌間の二・七キロが廃止になったが、戦後は駅の数も増えて再び活気を取り戻す。

　しかし昭和三十年代に入って道路整備が進み、輸送手段はトラックやバスに切り替わ

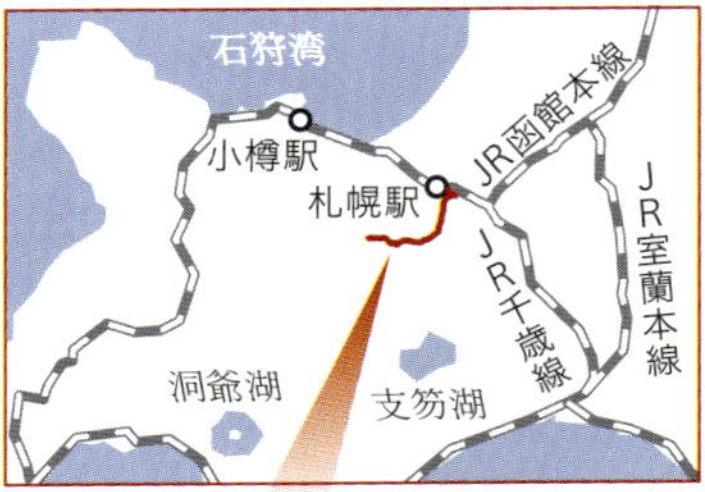

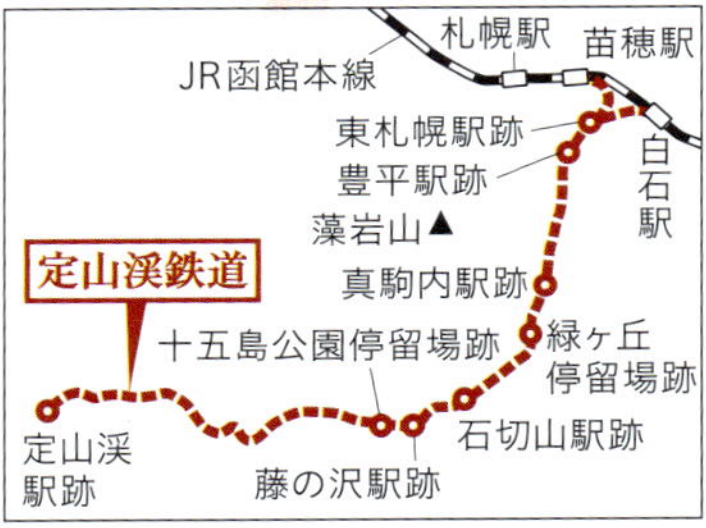

っていった。昭和四十七年（一九七二年）に札幌でオリンピックが開催されることになり、市営地下鉄の建設計画が具体化すると、その用地買収の申し入れを受け入れる形で廃止が決定したのだった。

定山渓鉄道には真駒内《まこまない》という駅があり、私は小中学校時代、その近くに住んでいた。しかし、歴史ある鉄道がすぐそばを通っていたことを最近になるまで意識していなかった。廃線になったのは小二のときで、乗ったことがあるかもしれないが記憶にない。

真駒内はオリンピックを機に開通した地下鉄の始発駅となった。途中まで車両は地上を走り、その部分は雪よけのための銀色のシェルターに覆われていた。未来都市のような風景の印象は強烈で、古くて地味な鉄道のことを忘れてしまったのだろう。

晩秋の一日、かつての真駒内駅から十五島《じゅうごしま》公園停留場までを歩いてみた。定山渓鉄道時代の真駒内駅は現在の地下鉄自衛隊前駅の近くにあったが、痕跡は残っていない。現在の地下鉄真駒内駅は、当時の緑ヶ丘《みどりがおか》停留場に当たる。ここも駅跡は残っていないが、次の石切山《いしきりやま》駅までの区間では、白樺《しらかば》林の中に線路の跡らしい細い道がところどころ見つかった。

石切山駅には定山渓鉄道時代の駅舎が残っていた。現在は地域の振興会館として使われている。赤い屋根のこぢんまりした可愛《かわい》い建物だ。板壁にトタン屋根という組み合わせは、戦後まで北海道で広く見られたもので、私が入学した小学校もそうだった。懐かしさにしばし佇んでいたら、ちょうど近くの小学校の下校時間らしく、何人もの小学生が前を通っていった。ピンクやミントグリーンなど、昔はなかった明るい色あいのランドセルを背負っている。「ここ、駅だったって知ってる？」と聞くと「うん！」と元気に返事をしてくれた。夏休みの宿題の写生で、この駅舎を描いたという子もいた。

次の藤《ふじ》の沢《さわ》駅の跡は公園になっていた。紅葉が終わりかけた木立の中を線路跡が突っ切り、その先に駅があったことを示す標柱が立っている。そこからまっすぐ進んだ先に十五島公園停留場があったはずだが、痕跡を見つけることはできなかった。この公園には、これも北海道独特の学校行事である炊事遠足で何度か来たことがある。大きな鍋を抱えてたどり着き、豚汁やカレーを作ったことを、数十年ぶりに思い出した。

（二〇一三年十一月取材）

岩《いわ》手《て》軽《けい》便《べん》鉄《てつ》道《どう》

岩手軽便鉄道は宮沢賢治《みやざわけんじ》の『銀河鉄道の夜』のモチーフとなったことで知られる私鉄である。大正二年（一九一三年）にまず花巻《はなまき》—土沢《つちざわ》間が、同四年（一九一五年）に花巻—仙人峠《せんにんとうげ》の全線が開通した。昭和十一年（一九三六年）に国鉄に移管、レール幅を広げる改軌工事が進められて現在の釜石《かまいし》線となった。

廃線探索の前夜は、花巻の「御宿玉川《おんじゅくたまかわ》」という旅館に泊まった。昭和十一年創業と聞いて、出発のときフロントで軽便鉄道について尋ねてみたら、奥から女将《おかみ》さんが出てきてくれた。照井キヨさん、八十六歳。

「軽便は、この宿のすぐ横を走

岩手県

［廃止区間］
花巻駅ー仙人峠駅

［廃止時期］
昭和11年（1936年）
8月1日
※国鉄に移管し改軌

［路線距離］
65.4km

釜石線の列車が走るコンクリートのアーチ橋・宮守川橋梁の手前に、軽便鉄道時代の石造りの橋脚が３本残っている

っていたんですよ。ほら、この道です」

何と、宿が面している通りが昔の線路だったのだ。軽便鉄道の遺構は花巻市街にはほとんど残っていないが、昨夜はかつての線路のすぐ横で、それと知らずに眠ったわけで、これは幸先がいい。

花巻駅から東に向かって、廃線跡を探しながら釜石線沿いを進む。猿《さる》ヶ《が》石川《いしがわ》の支流に架かる滝《たき》の沢橋《さわばし》のすぐ横には、軽便時代の石の橋台が残っていた。また、宮守《みやもり》―柏木平《かしわぎだいら》間にある鱒《ます》沢《ざわ》トンネルの隣には、軽便時代のレンガ造りのトンネルが、並

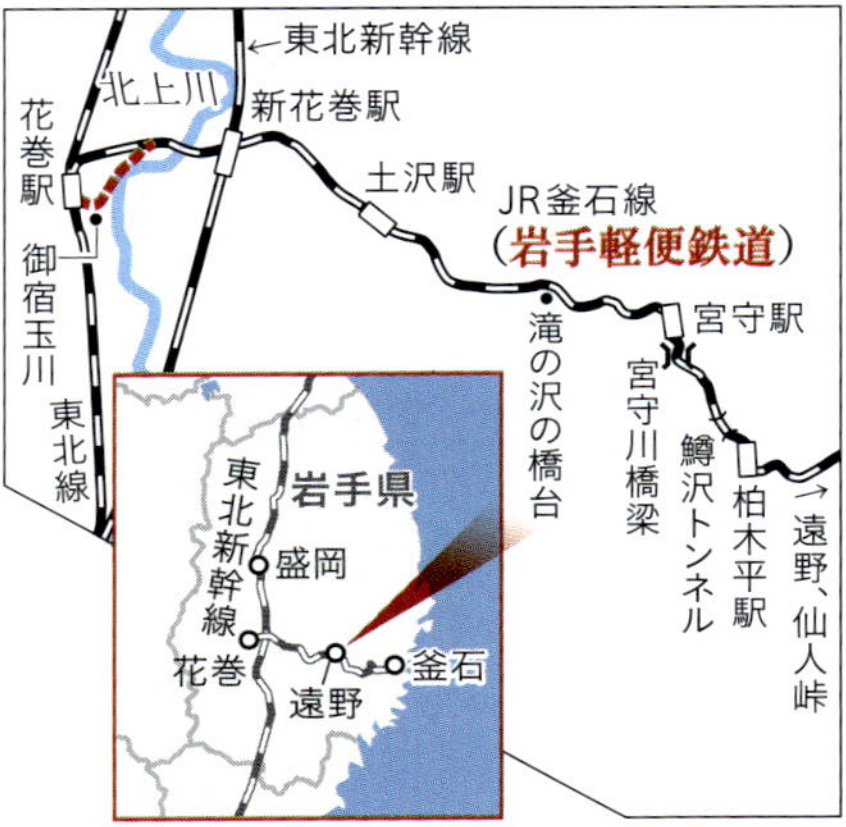

んで口を開けていた。軽便鉄道はなくなってしまったが、後を継いだ釜石線がほぼ同じルートを走っているため、こんなふうに廃線の遺構と現役の施設が隣り合って並んでいる。新旧の構造物を比べて見ることができるのは、この路線ならではの面白さだ。

中でも一番の見物は、宮守駅の先にある宮守川橋梁である。河原から見上げると、思いがけないほど高い位置に、すらりとした姿のアーチ橋が架かっている。この橋は釜石線になってからのものだが、すぐ手前に立つ石造りの橋脚は軽便時代のものだ。三本のうち二本は途中までしか残っていないが、一本は現在の橋脚と同じ高さがある。つまり軽便鉄道の車両も現在と同じくらい高いところを走っていたのだ。夜になると、空の中を汽車が駆け抜けているように見えたに違いない。まさに『銀河鉄道の夜』の世界である。

『銀河鉄道の夜』といえば、宮沢賢治の作品には鉄道がひんぱんに出てくる。『シグナルとシグナレス』『氷《ひょう》河《が》鼠《ねずみ》の毛皮』などの童話のほか、詩や短歌にも数多く登場する。花巻―土沢間が開通したとき賢治は十七歳。田畑や森を突っ切って駆けてゆく汽車の姿に胸をおどらせたに違いない。

賢治には『岩手軽便鉄道　七月（ジャズ）』という詩があり、〈いるかのやうに踊りながらはねあがりながら／もう積雲の焦げたトンネルも通り抜け／緑青を吐く松の林も／続々うしろへたたんでしまつて／なほいつしんに野原をさしてかけおりる〉と謳《うた》っている。何とも楽しげで、鉄道に対する愛情が伝わってくる。タイトルにあるように、賢治の時代、鉄道はジャズのイメージ、つまり時代の先端を行くモダンなものだったのだ。〈接吻《キス》をしようと詐欺をやらうと／ごとごとぶるぶるゆれて顫《ふる》へる窓の玻璃《ガラス》〉などという一節もある。

わくわくするような鉄道の魅力が、「雨ニモ負ケズ」の宮沢賢治に、こんなふうにお洒落《しゃれ》でちょっと軽薄な詩を書かせたのだと思うと、何だか嬉しくなってくる。もしかすると賢治は、いまでいう「鉄ちゃん」だったのかもしれない。

（二〇一〇年六月取材）

【その後】平成二十六年（二〇一四年）四月から、花巻―釜石間で蒸気機関車の定期運行が始まった。昭和十五年（一九四〇年）に製造されたC58形蒸気機関車239号機で、昭和四十七年（一九七二年）に引退したが、東日本大震災で被災した東北の復興の願いを込めて「SL銀河」として復活した。十二月には一夜だけの夜間運行が行われ、『銀河鉄道の夜』のイメージそのままに、ライトアップされた宮守川橋梁を渡る姿が見られた。

くりはら田《でん》園《えん》鉄《てつ》道《どう》

宮城県

［廃止区間］
石越駅ー
細倉マインパーク前駅

［廃止時期］
平成19年（2007年）
4月1日

［路線距離］
25.7km

ローカル線の旅をしていて、マッチ箱のような平屋の木造駅舎に出会うと嬉しくなる。中でも好きなのは、出入り口の上に小さな三角屋根が載っかっているタイプだ。

そんな懐かしい駅舎を久しぶりに見た。宮城県栗原《くりはら》市にある若柳《わかやなぎ》駅。平成十九年（二〇〇七年）に廃止された「くりでん」こと、くりはら田園鉄道の駅だ。現役でないのは残念だが、板壁に緑のトタン葺《ぶ》きの三角屋根が映えて、何ともいえず美しい。今回の廃線にくりでんを選んだのは、この駅に来てみたかったためもある。

くりはら田園鉄道は、大正十年（一九二一年）に栗原軌道として石越《いしこし》―沢辺《さわべ》駅間の

若柳駅の構内は広い。廃線跡を利用したレールバイクの乗車イベントが行われ、子供たちの歓声が響いていた

九・三キロが開通。若柳駅の駅舎は当時から使われ、平成十四年（二〇〇二年）には「東北の駅百選」にも選ばれている。

＊

くりでんの起点だった石越駅跡をスタートして、まだ残っているレールをたどり、若柳駅に着いた。石越駅も、その次の荒町《あらまち》駅も駅舎は残っていなかったので、若柳駅の駅舎が見えてきたときはワクワクした。

三角屋根をくぐって中に入る。レトロな雰囲気の待合室を抜け、改札口を通ってホー

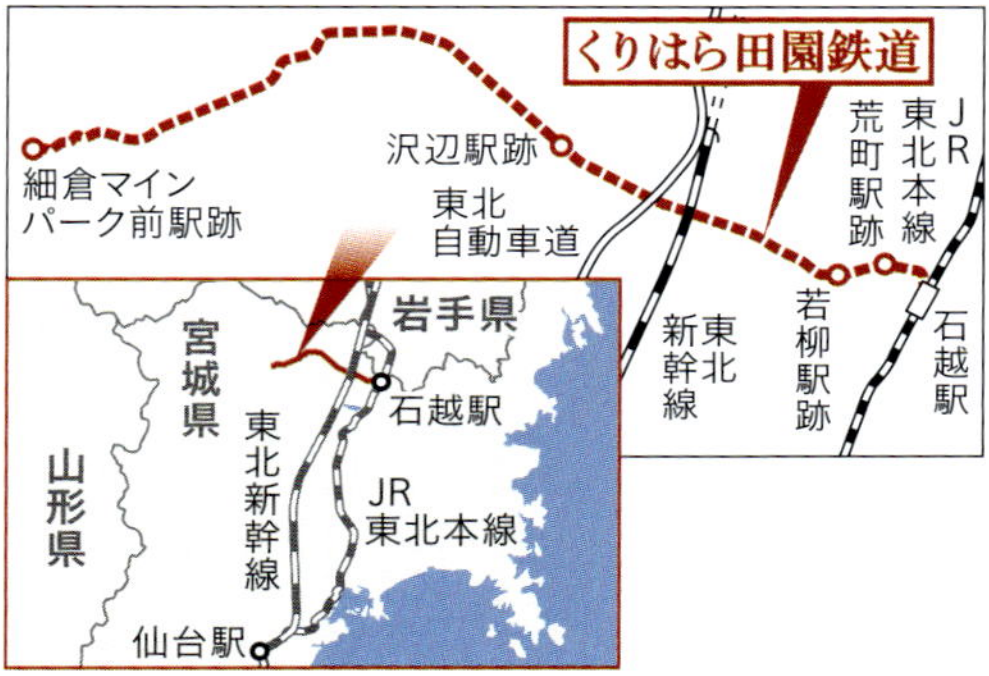

ムに出ると、何と客車が停《と》まっているではないか！　子供たちが楽しそうに車両を出たり入ったりしている。

突然「コワイよぉー！」という声が聞こえて振り向くと、三、四歳くらいの女の子が、巨大な着ぐるみを前にして大泣きしていた。着ぐるみは大きなモップから柄《え》をはずして顔と手足をつけたような姿をしていて、全身が真っ黄色。あとで調べたら、地元のゆるキャラ「ねじりほんにょ」で、乾燥させるために棒にかけた稲穂をイメージしているらしい。

あどけない泣き顔が可愛く、周りの大人たちは「怪獣みたいに見えるのかな？」「あらあら、あんなに怖がって」などと微笑《ほほえ》ましく見ていたが、本人は真剣におびえていて、「こないでー！」と叫んでお母さんにすがりついていた。

この日の駅が子供たちで賑《にぎ》わっていたのは、構内でレールバイクに乗れるイベントが行われていたからだ。保存車両（ＫＤ95型ディーゼル気動車など）に乗ることのできる乗車会が行われる日もあるという。

駅の構内は広大で、イベントが開かれている一方、長い貨物用ホームの先端に座って、田園の中に消えていくレールを長いこと眺めている青年もいた。

くりでんは何度かの延長をへて、廃止時の全長は二五・七キロになっていた。最盛期は昭和三十年代から四十年代にかけてで、細倉《ほそくら》鉱山からの鉱物資源や近隣の農産物の運搬に活躍し、通勤通学の足としても利用された。しかし過疎化や自動車の普及によって利用が減り経営が悪化、平成五年（一九九三年）に第三セクターとなったが、業績が回復することはなかった。

若柳駅を出た後、開通時の終点だった沢辺駅跡にタクシーで向かった。若柳駅と同様、大正時代の木造駅舎が残っていると聞いていたのだが、行ってみたら跡形もなかった。取り壊されて、部材は若柳駅の修復に使われたそうだ。

レールとホームだけが残った駅跡は、若柳駅とは対照的に、しんとしていた。戦時中に埼玉県から家族で疎開してきて以来、ずっとこの地で暮らしてきたという七十代の運転手さんが私の隣に立って、「寂しいねえ」とつぶやいた。

（二〇一四年十月取材）

山《やま》形《がた》交《こう》通《つう》高《たか》畠《はた》線《せん》

山形県

［廃止区間］
糠ノ目駅―二井宿駅

［廃止時期］
昭和49年（1974年）11月18日

［路線距離］
10.6km

ＪＲ奥羽《おうう》本線の高畠《たかはた》駅で山形新幹線「つばさ」を降りた。改札を出てまず目に入ったのは「湯」と大書されたのれん。駅の構内に温泉があるのだ。ひと風呂浴びる楽しみは後にとっておいて、貸し自転車の受付へ。これからたどる山形交通高畠線の廃線跡は、自転車と歩行者専用の緑道になっている。

現在のＪＲ高畠駅は、平成三年（一九九一年）まで糠ノ目《ぬかのめ》駅という名称だった。その糠ノ目駅から旧高畠駅までの五・二キロが高畠鉄道として開業したのは大正十一年（一九二二年）。機関車に牽引《けんいん》された貨車と客車の混成運転だった。

旧高畠駅の駅舎は、地元産の高畠石で造られた立派なもの。写真はホームがあった側で、右奥に保存車両（モハ１）が見える

もともと製糸業をはじめとする地場産業振興のために敷かれた鉄道で、客車より貨車の数のほうが多かった。大正十三年（一九二四年）には二井宿《にいじゅく》まで延長され、全長一〇・六キロとなる。昭和十八年（一九四三年）、戦時特例による交通業者合併で山形交通高畠線となった。木材、米、家畜、果物など、沿線の産出品を運んだが、次第にトラック輸送に切り替わり、昭和四十九年（一九七四年）に廃止となった。

＊

自転車を借り、前カゴに水

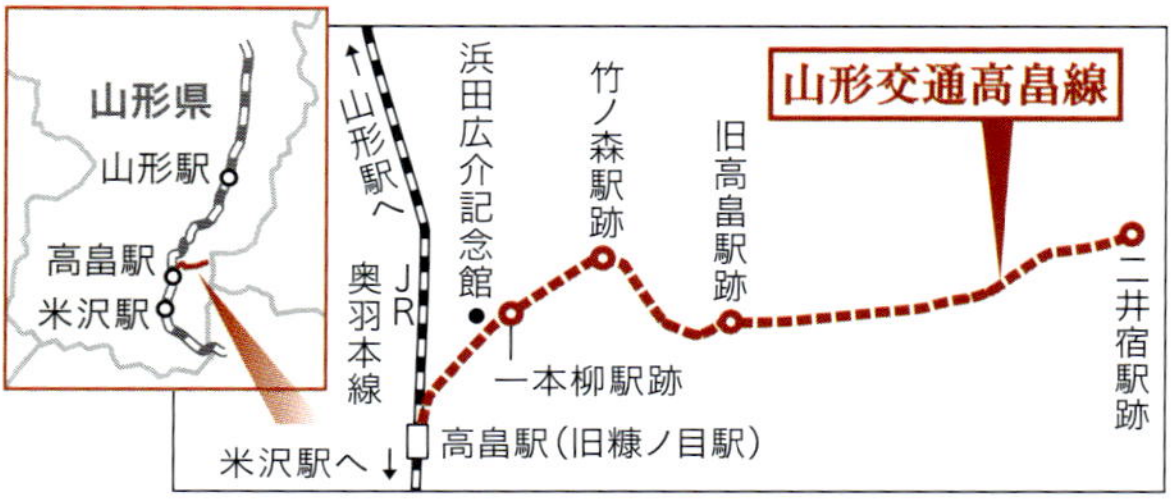

筒と日焼け止めを入れて、いざ出発。気温は三〇度を超えている。駅から奥羽本線の線路に沿って北に進むと、まもなく「まほろばの緑道」と記された看板があった。ここからが廃線跡だ。左右には緑の田んぼが広がり、遠くの山並みが美しい。ゆっくり走っていると、後ろから「コンニチハ〜」と声がして、中学生らしき男の子が追い越していった。初めての町でこんなふうに挨拶されると嬉しくなる。

最初の駅は一本柳《いっぽんやなぎ》だが、残念ながら駅の痕跡は残っていない。近くに「泣いた赤おに」で知られる地元出身の童話作家、浜田《はまだ》広《ひろ》介《すけ》の記念館があったので寄ってみた。

広い敷地の中には、高畠線の線路のすぐそばにあったという生家が移築されていた。「マッチ箱」と呼ばれた高畠線の小さな客車（明治四十一年〔一九〇八年〕製造のハフ1号）に、広介も乗ったことがあるという。

館内にある喫茶店のメニューに「赤おにソフト」と書いてあるのを発見。好奇心にかられて注文してみたら、ほんのり赤いソフトクリームが出てきた。トマトペーストが入っているそうで、やさしい甘さだった。

次の竹ノ森《たけのもり》駅にはプラットホームが残っていた。三つ目の駅が高畠で、石造りの立派な駅舎が昔のままの姿で建っている。道路に面した駅正面も堂々たるものだが、建物の裏に回ってかつて線路に面していた側に出ると、突き出したホームの屋根が何とも洒落ていて、立派な車寄せのある古い洋館のようだ。製糸業でうるおっていた時代をしのばせる貴重な遺構である。

気温がさらに上昇してきたので、熱中症になっては大変と旧高畠駅で引き返し、その先は翌日、タクシーでたどった。

終点の二井宿駅まで遺構はほとんど見られない。二井宿駅の手前に築堤の跡らしきものがあったが、その先は夏草に覆われ、ホームなどは確認できなかった。

JR高畠駅に引き返す途中、地図に「ラ・フランス通り」という道を発見した。竹ノ森駅のすぐ近くである。タクシーの運転手さんに聞いたら、このあたりは洋梨のラ・フランスの栽培を日本でもっとも早く始めた地域だそうだ。

「あちこちに袋のかかった木が見えるでしょう」と運転手さん。本当だ。思わず「もう食べられますか」と聞いたら「稲の刈入れが終わってからですよ」。秋にもう一度訪ねたくなった。

（二〇一二年八月取材）

国《こく》鉄《てつ》日《にっ》中《ちゅう》線《せん》

昭和五十九年（一九八四年）に廃止となった日中線は、本州で一番最後まで蒸気機関車が走っていた路線である。

「朝一番の機関車が、この駅で方向転換するときのボォーッという汽笛が、目覚ましの代わりでした」と話すのは、終点の熱塩《あつしお》駅のすぐ近くで育った須田崇さん。定年退職を機に、廃線後も保存されている熱塩駅の駅舎の管理を引き受けた。

須田さんは昭和三十八年（一九六三年）に喜《き》多《た》方《かた》市役所の職員となったが、そのときも蒸気機関車は健在で、〝SL通勤〟をしていたそうだ。蒸気機関車が引退し、ディーゼル機関車が走るようになったのは昭和

福島県

［廃止区間］
喜多方駅―熱塩駅

［廃止時期］
昭和59年（1984年）
4月1日

［路線距離］
11.6km

日中線記念館となった熱塩駅。管理を担当する須田さんに、この駅で使われていたタブレット（単線区間で使用する通行票）を持ってもらった

四十九年（一九七四年）である。

日中線は時代に翻弄された路線だった。もともとは、下野《しもつけ》（栃木県）、岩代《いわしろ》（福島県）、羽前《うぜん》（山形県）の三つの地方を結ぶ「野岩羽《やがんう》線」の一部として構想されていた。実現すれば東北の中央部を縦貫することになった路線である。

「野岩羽線」は明治二十五年（一八九二年）頃から建設運動が始まり、昭和十三年（一九三八年）になってようやく、そのごく一部である喜多方―熱塩間の一一・六キロが日中線として開通した。次の段階として山形県の米沢《よねざわ》までの延伸が期待された

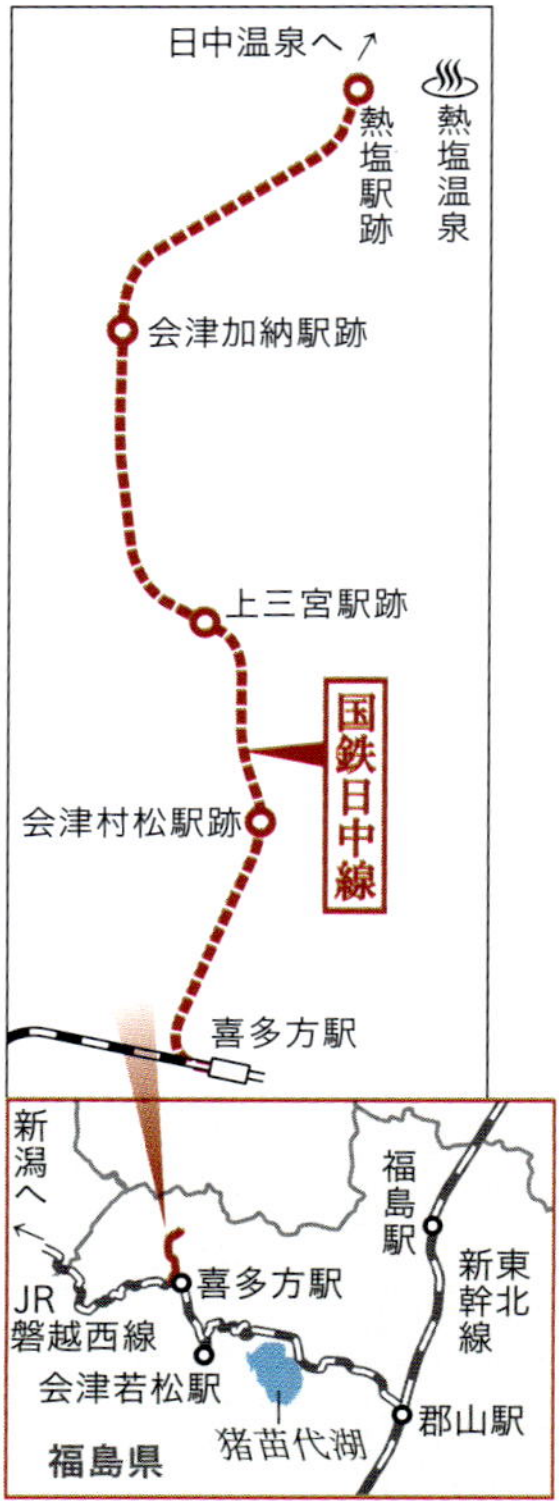

が、前年に始まった日中戦争の拡大や、その後の太平洋戦争開戦によって立ち消えとなってしまった。日中線という名称は、熱塩の北にある日中温泉に由来するもので、開通時には北へ延びることが前提となっていたと思われる。

戦後になってからも、米沢までの開通は地元の人々の悲願であり続けたが、人口減やクルマ社会への移行にともなって乗客は減り続け、ついに廃線に至ったのだった。

*

喜多方駅から会津村松《あいづむらまつ》駅があった場所までは、廃線跡が自転車と歩行者の専用道路になっていて、途中に、日中線を走っていた蒸気機関車C11―63が保存展示されている。

その後、廃線跡は舗装道路や農道と重なりながら続き、会津加納《あいづかのう》駅があった場所の近くには、短い距離ではあるがレールも残っている。

須田さんが愛情を込めて手入れをしている熱塩駅の駅舎は、この路線の最大の遺構で、「日中線記念館」として公開されている。当時はまだほとんどなかったメートル法による建築だという。わずかにカーブを描いた切妻《きりづま》屋根が美しく、どことなく洋風な造りだ。駅舎内には改札口や券売機、時刻表からだるまストーブまでが現役時代のまま保存され、構内には蒸気機関車の転車台の跡も残る。

熱塩は温泉地で、かつては大勢の客で賑わった。今回の廃線歩きの前日に宿泊した喜多方市の料理旅館「志《し》ぐれ亭《てい》」の女将、志村和子さんが、「昔はそりゃあ華やかで、芸者さんもいたんですよ」と教えてくれた。志村さんの父親は喜多方で海産物問屋を営んでいて、熱塩温泉の旅館に品物を卸していた。ずっとリヤカーで運んでいたので、日中線ができてからはずいぶん楽になったと喜んでいたそうだ。

近隣の農家の人たちは、冬になると日中線に乗って熱塩温泉に湯治に行ったという。「自炊なのでお米をしょってね。子供の頃、私も連れてってもらったことがあります」

熱塩駅の構内には、ラッセル車と客車が展示されている。客車の中に入ると、青い布張りの木製の座席が並んでいた。腰かけると、かつて一年の疲れを癒しに熱塩温泉にやってきた人たちのはずむ気持ちが伝わってくる気がした。

（二〇一一年八月取材）

鹿島鉄道《かしまてつどう》

上野《うえの》駅から特急「フレッシュひたち」で五五分。常磐《じょうばん》線の石岡《いしおか》駅で下車し、バスターミナルで待っていると、シルバーグレーの車体に「か」の文字がデザインされたバスがやってきた。鹿島鉄道の廃線跡を整備したバス専用道を走る「かしてつバス」である。

鹿島鉄道は、大正十三年（一九二四年）に鹿島参宮鉄道として石岡―常陸小川《ひたちおがわ》間が開通、昭和四年（一九二九年）に鉾《ほこ》田《た》まで延長され、全長二六・九キロとなった。乗客の減少に加え、航空自衛隊百里《ひゃくり》基地へのジェット燃料輸送の打ち切りもあって、平成十九年

関東

茨城県

［廃止区間］
石岡駅―鉾田駅

［廃止時期］
平成19年（2007年）
4月1日

［路線距離］
26.9km

バス停留所が設けられた石岡南台駅跡。駅舎やホーム、跨線橋が残り、かつて線路が敷かれていた道床をバスが走る

(二〇〇七年)に廃止。その後、跡地の一部はバス専用道となり、平成二十二年(二〇一〇年)から運行が始まっている。

*

バスは駅を出てしばらく一般道を走る。常磐線の踏切を渡ると、すぐ先が専用道である。一般車両はもとより、人や自転車も通行禁止のため、道路は貸し切り状態。対向車(上りのバス)もほとんど来ないので、とにかく見晴らしがいい。前後左右、誰も走っていない道路というのは初体験だ。

いかにも線路跡といった感

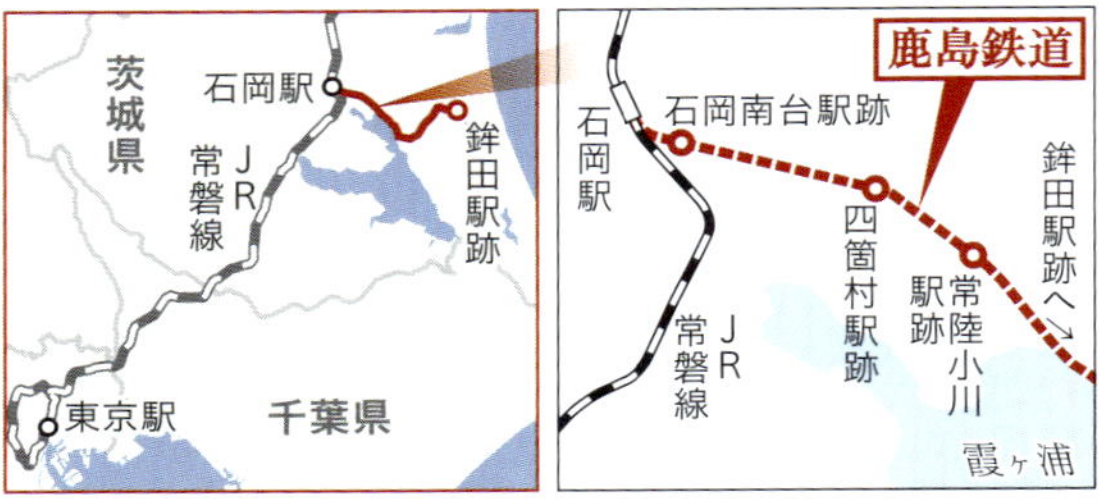

じでゆるやかにカーブする舗装道を走るのは気分がいいが、ちょっともったいない気もする。

バス専用道になったのは、石岡駅から四箇村《しかむら》駅跡までのおよそ五キロで、この間にあった駅の跡は、すべてバス停になっている。最初の駅だった石岡南台《いしおかみなみだい》には、駅舎とホーム、そして跨線橋《こせんきょう》が残っていた。駅らしさが失われていないのが嬉《うれ》しくて、乗車してまだ五分ほどしか乗っていないのに、思わず下車してしまった。

バス停のポールは、ホームを下りたところに立っている。停留所名を見ると「石岡南台駅」と書かれていた。ちゃんと「駅」の字を残しているところがいい。ほかの停留所も、かつて駅だったところはすべて、同じく「駅」の字がついているが、駅舎やホームが残っているのはここだけだ。

平成元年（一九八九年）に開業したというこの駅は、駅舎のデザインがモダンで、何となく未来都市っぽい。駅舎に入ることはできず、跨線橋も通行禁止だが、駅前広場は花壇がきれいに整備されていた。

一五分ほど待って、次のバスに乗る。日曜日のせいか乗客は四、五人ほどだ。一番前の席に陣取ってフロントガラスから景色を見ているうちに、道路の左右に設けられた待避スペースの数が多いことに気がついた。鉄道時代には単線だったため道路になってからの道幅が狭く、バスがすれ違えないので、たくさんの待避スペースが作ってあるのだ。

専用道が終わる四箇村駅バス停で下車した。バスはここで左折し、一般道に入る。廃線跡はバス停の前方にさらに続いているが、レールは撤去され、道床《どうしょう》は一面、丈の高い夏草に覆われていた。

このバス停近くの専用道の脇にはあじさいが植えられていて、ちょうど満開になっていた。手入れをしていた七十代の女性によると、地元のお年寄りのグループで世話をしているという。

「鉄道がなくなったのは残念だけど、その分バス道をきれいにしようということになって。あじさいをもっとたくさん植えて、隣のバス停までを〝あじさいロード〟にしたいねって言ってるんです」

石岡駅に戻るバスに乗り、車窓からあらためて道路脇を見ると、地域ごとにさまざまな種類の花が植えてあることに気がついた。

（二〇一三年六月取材）

日《にっ》鉄《てつ》鉱《こう》業《ぎょう》羽《はね》鶴《づる》専《せん》用《よう》鉄《てつ》道《どう》

栃木県

［廃止区間］
葛生駅ー羽鶴駅

［廃止時期］
平成３年（1991年）
11月

［路線距離］
6.2km

「絶景廃線」と呼びたくなる路線は全国にいくつもある。たとえば瀬戸大橋の見える下津井《しもつい》電鉄（一五四頁）、景勝地・耶馬渓《やばけい》のど真ん中を走る大分交通耶馬渓線（一九〇頁）などがそうだ。

一方で、ありふれた景色の中を通ってはいるが、歩いてみると何ともいえず楽しい廃線もある。今回訪ねた日鉄鉱業羽鶴専用鉄道はその代表だろう。工場、住宅地、田園、静かな森、そして鉱山と、周囲の景色がどんどん移り変わって飽きることがない。その上、キロポストや信号、踏切の跡、橋台、鉄道境界線のマークなど、小さいが鉄道ファンの心をくすぐる遺構が数多く残っている。

日鉄鉱業羽鶴専用鉄道は、石灰石の一大産地、栃木県葛生町《くずうまち》（合併により現在は佐野《さの》市）を走っていた貨物線である。東武佐野線の終点・葛生駅から伸びていた三本の貨物線のうちの

終点の羽鶴駅に向かって夏草の生い茂る廃線跡を上っていく。架線は鉄道時代のものではなく、鉱業所へ電気を送る高圧線

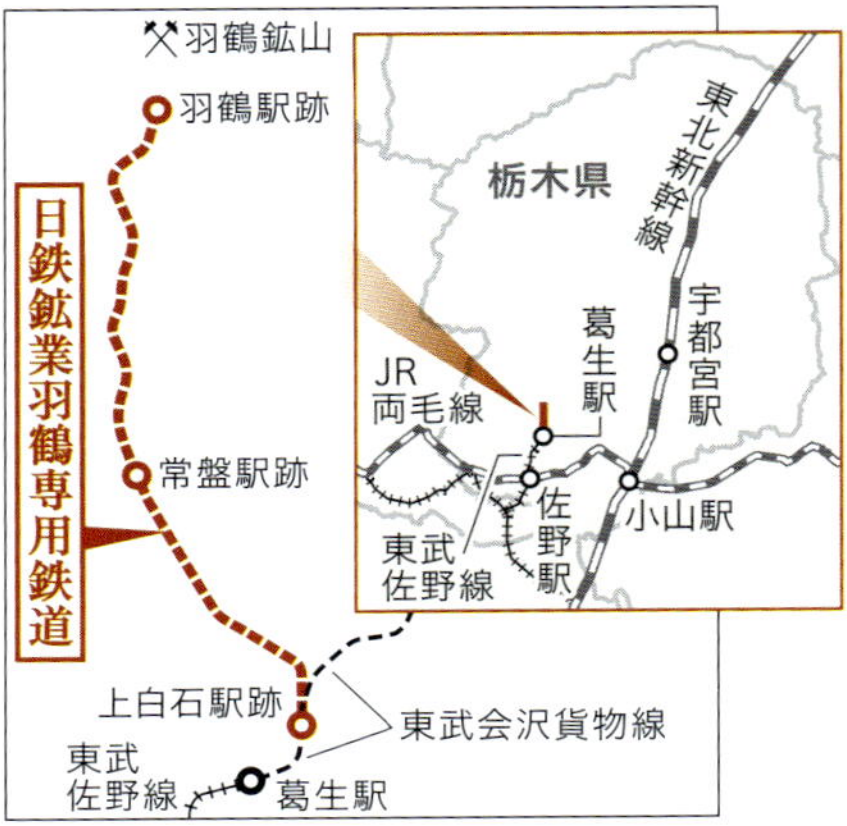

一本で、日鉄の鉱業所のある羽鶴まで六・二キロの非電化路線だった。昭和二十六年（一九五一年）に開業したが、東武鉄道の貨物列車の減少とダンプカー輸送の増加にともなって平成三年（一九九一年）に廃止されている。

＊

葛生駅から廃線跡をたどって歩いた。正式な起点は葛生駅の北東にあった上白石《かみしらいし》駅だが、線路は当時、葛生駅からつながっていた。上白石駅跡付近には現在もセメント工場があり、工場の威容を眺めながらバラスト（道床の砂利）を踏みしめて進む。

しばらく行くと住宅街となり、廃線跡が畑や花壇に姿を変えている。近所の住民が植えたのだろう、撫子《なでしこ》やマーガレットが咲き、ネギ坊主やエンドウ豆の蔓《つる》が風に揺れている。廃線跡が民家の裏庭のように使われている例は各地で目にするが、ここまでしっかり耕されているのは見たことがない。まさに有効活用である。

さらに進むと田んぼが広がる田園地帯となる。途中、ゲートボール場があり、数人がプレーしていた。休憩がてら見学していると、一人の男性が「葛生は昔、鉱都と呼ばれていたんだよ。石灰だけじゃない。ドロマイトって知ってる？　セメントや鉄鋼の生産に使う鉱石で、葛生にはその大鉱床があるんだ」と、ゲートボールのスティックで地面に化学記号を書きながら説明してくれた。

少し先で田植えの準備をしていた別の男性は、そのドロマイトを焼成する工場で定年まで働いていたという。

「私のいた工場はもうなくなってしまった。ドロマイトも石灰も、埋蔵量はいまも豊富だけど、中国からの輸入が増えたからねえ。鉱山と葛生を結んでいた鉄道はみんななくなって、ここらは、ダンプの町になってしまった」

鉱都の誇りは、住む人たちの胸にいまもあるが、衰退の寂しさは隠しようもない。

常盤《ときわ》駅跡を過ぎると、三三パーミル（一〇〇〇メートル進むごとに三三メートル上る）の急勾配《こうばい》になる。少し息を切らしながら上っていくと、周囲は鬱蒼《うっそう》とした森となった。

道床には夏草が丈高く茂り、野の花が咲いている。終点の羽鶴駅の構内は日鉄鉱業の敷地内なので入ることができないが、このあたりまで来るとコンクリートの建物の間に砕石の山が見え、鉱山の景色となる。約二時間の廃線歩きだったが、ちょっとした旅をしたような気分になった。

（二〇一〇年五月取材）

足《あし》尾《お》線《せん》

渡良瀬川《わたらせがわ》の渓谷に沿って、えび茶色のクラシックなディーゼルカーが軽快に走る。桐生駅《きりゅう》と間藤駅《まとう》を結ぶ、わたらせ渓谷鐵道《てつどう》（通称「わ鐵」）である。

東武鉄道の特急「りょうもう」が停まる相老駅《あいおい》から乗車すると、沿線には黄色いヤマブキと紫のハナダイコンが咲き乱れていた。訪《と》れたのは四月下旬で、関東の桜はとっくに終わっていたが、神戸駅《ごうど》あたりから先はまだ満開。終点の間藤駅の構内には蕾《つぼみ》の桜もあった。約一時間半の「わ鐵」の旅は、初夏から早春へと季節をさかのぼるような楽しさがあった。

だが取材の本番はここからだ。「わ鐵」は平成元年（一九八九年）に廃止になったJR足尾線を引き継いだ第三セクターである。足尾線は足尾銅山と盛衰をともにした路線で、昭和四十八年（一九七三年）に閉山してからは輸送量が激減。終点は間藤の先の足尾本山《あしおほんざん》だったが、「わ鐵」になる際、貨物専用だった間藤─足尾本山間の約一・九キロは廃止となった。

栃木県・群馬県

［廃止区間］
ⓐ神戸駅─沢入駅
ⓑ間藤駅─足尾本山駅

［廃止時期］
ⓐ昭和48年（1973年）6月27日
ⓑ平成元年（1989年）3月29日

［路線距離］
ⓐ7.0 km　ⓑ1.9km

向赤倉トンネルには、昔懐かしい腕木式信号機が残っている。腕木が45度の角度に傾いているのは「進め」の意味

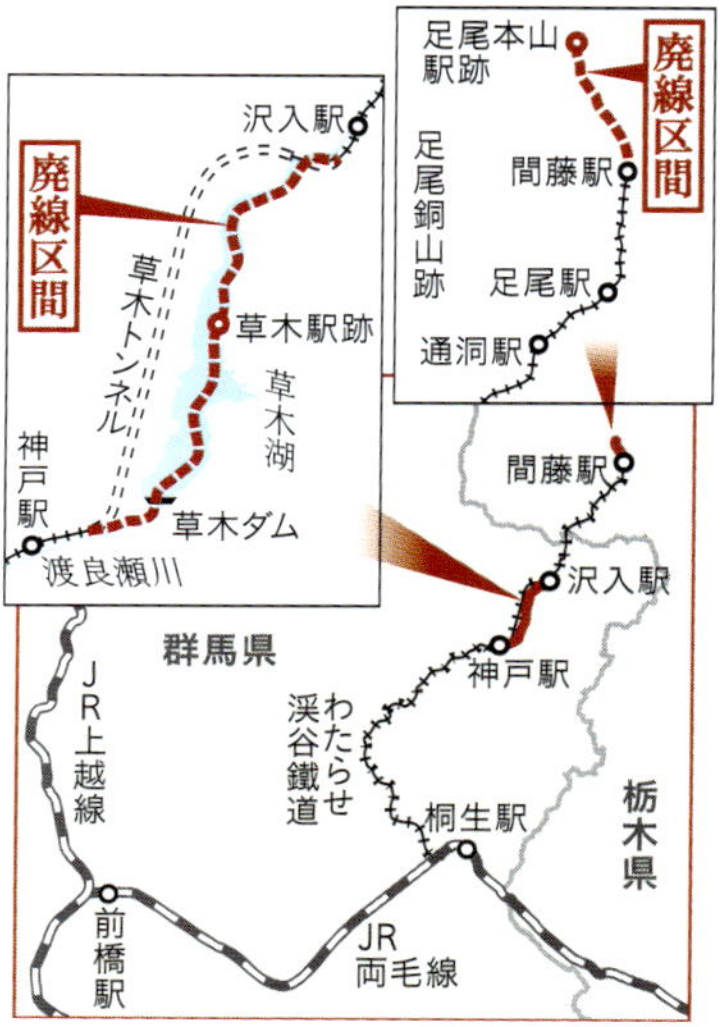

間藤駅は紀行作家の故・宮脇俊三《みやわきしゅんぞう》氏が国鉄を完乗したとき最後に降り立った駅。宮脇氏といえば鉄道愛好者にとってカリスマ的存在で、廃線旅の面白さを世に知らしめた人でもある。氏のファンの一人である私は、駅の写真をつい何枚も撮ってしまった。

間藤駅の構内でレールは途切れ、その先は朽ちかけた枕木だけが連なっている。しばらく行くと廃線跡は道路と交差し、踏切跡には警報機が残っている。その先で廃線跡は川を渡るが、ここからは立ち入りが禁止されていて、対岸から眺めるしかない。

精錬所のあった間藤はかつては大変な活気で、料理屋や旅館、呉服屋、酒屋などが軒を並べていたというが、いまは当時の面影はない。「わ鐵」の車窓から見た新緑の景色とは対照的に、このあたりはいかにも鉱山らしく、ごつごつした岩肌が集落近くまでせり出している。

その岩山にはりつくように走る廃線跡は、対岸からはかすかにしかわからないが、橋を渡って遺構を見ることのできるポイントがある。南橋《なんきょうばし》を渡り、川に沿って右に進むと、見上げる位置に、いかにも岩山を穿《うが》って造ったという感じのトンネルの坑口が見えるのである。向赤倉トンネルという名前で、手前には昔ながらの腕木《うでぎ》式の信号が残っている。もとの道に戻って進み、古河橋《ふるかわばし》を渡ったところが向赤倉トンネルの出口側だが、道路から見上げた限りでは坑口は確認できず、赤茶けた岩肌が続いていた。

足尾本山駅跡も中に入ることはできない。その先にある足尾精錬所は、現在も往時の威容をとどめているが、やはりもの寂しい雰囲気が漂っていた。

帰りは神戸駅で下車し、足尾線のもうひとつの廃線部分をたどった。渡良瀬川に作られた草木《くさき》ダム（昭和五十一年〔一九七六年〕完成）のため新線に付け替えられた神戸―沢入《そうり》間の旧線部分である。大部分はダム湖に沈んでしまったが、神戸駅の一キロほど先からの約五〇〇メートルが遊歩道となっている。

レールは残っていないが、トンネルや落石防止のシェルター、線路をまたぐ排水用の樋《とい》などの遺構が残る。桜が咲き、ウグイスの鳴く美しい道を歩いていると、正面に突然、ダムの巨大な壁が立ちふさがった。廃線跡がダムによっていきなり断ち切られている光景はシュールで、異世界に踏み込んだような気分になった。間藤―足尾本山間の土埃《つちぼこり》の立つような鉱山独特の景色といい、足尾線は実にさまざまな顔をもつ。別の季節にも訪れてみたいと思った。

（二〇一二年四月取材）

JR信《しん》越《えつ》本《ほん》線《せん》旧《きゅう》線《せん》

ある日、何気なくテレビを見ていた私は、思わず画面に釘付《くぎづ》けになった。レールの跡が残る山の中の道を、女優の吉永小百合《よしながさゆり》さんが歩いている。続いてトンネルの中を行くシーン。何と、廃線跡を歩いているのだ。次に巨大なレンガ造りのアーチ橋が映し出された。鉄道ファンなら誰もが知る、碓氷《うすい》峠のめがね橋（碓氷第三橋梁《きょうりょう》）。廃止された信越本線の旧線、横川《よこかわ》—軽井沢《かるいざわ》間にかかる美しい鉄道橋だ。

これはJR東日本のCMで、あとで聞いたところによると、小百合さんが歩いた廃線跡（「アプトの道」として整備されている）は、

群馬県・長野県

［廃止区間］
横川駅—軽井沢駅

［廃止時期］
平成9年（1997年）
10月1日

［路線距離］
11.2km

碓氷第五トンネルを抜けると、碓氷第三橋梁の上に出る。四連アーチが美しい、通称・めがね橋だ。その奥に第六トンネルの坑口が見える

CMが放映されてから訪れる人がずいぶん増えたそうだ。

鉄道ファンなら誰もが知っていると書いたが、実は私はこの廃線跡を歩いたことがなかった。東京から日帰りできるのでいつでも行けると思い、つい機会を逸していたのだが、横川駅からめがね橋までだった「アプトの道」が、熊ノ平《くまたいら》駅跡まで延長されたと聞いて、紅葉狩りを兼ねて訪ねてみることにした。熊ノ平は、唱歌「もみじ」に歌われた紅葉の名所である。

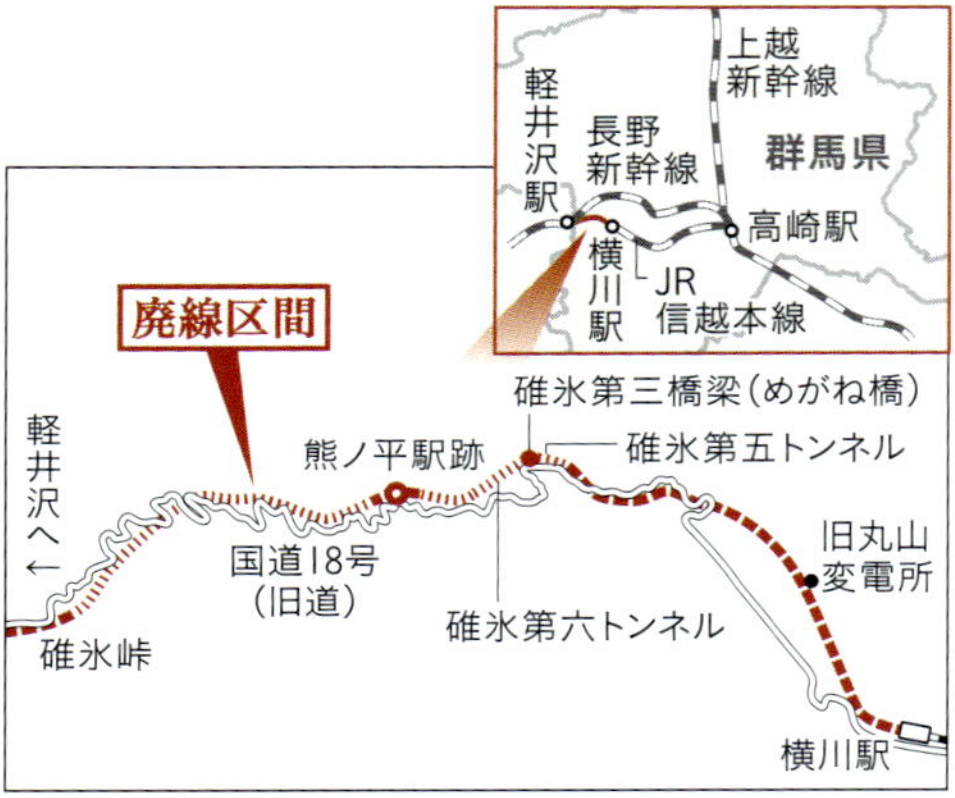

東京駅から新幹線で高崎まで行き、信越本線に乗り換えて横川へ。横川といえば峠の釜めしである。駅前で買って途中で食べたかったが、陶器の釜に入っているため、いかんせん重い。これから上り坂を歩くことを考えて泣く泣くあきらめた。

横川―軽井沢間の碓氷峠は、標高差が五五三メートルの難所であるため開通が遅れていたが、ドイツのハルツ山岳鉄道で使われていたアプト方式を採用することになり、明治二十六年（一八九三年）に開通にこぎつけた。アプト式とは、二本のレールの間に歯形のレールを設け、機関車の歯車と嚙《か》み合わせて推進力を高める方式だ。

昭和三十八年（一九六三年）に技術改良によって通常の運転ができる新線が開通し、アプト式は役割を終えた。その後、平成九年（一九九七年）に長野新幹線が開通、横川―軽井沢間の一一・二キロは廃止となった。

*

横川駅を後にして歩き始める。休日とあってけっこうな人出だ。道は舗装されているが、レールは残してある。二〇分ほど行くとレンガ造りのクラシックな建物があった。明治四十五年（一九一二年）に電気機関車が走るようになった際、電気を供給した丸山《まるやま》変電所である。このあたりから勾配が急になり、熊ノ平までの間に一〇ものトンネルがある。

五つ目のトンネルを出ると、線路跡は橋を渡る。あのめがね橋だ。JR東日本のCMでは、吉永小百合さんがこの橋の手すりにもたれてほほえんでいた。真似《まね》して見下ろしてみたら、足がすくむほどの高さである。CMのように優雅な感じにはならなかったが、見晴らしは最高で、右手には紅葉の山々、左手には曲がりくねって走る国道が見える。多くの人が記念写真を撮っていた。

ここからはぐっと人が少なくなる。めがね橋で引き返してしまう人が多いからだが、それはもったいない。めがね橋から熊ノ平までは、五つのトンネルが連続していて、ひとつのトンネルをまだ出ないうちから、紅葉した木々に囲まれた次のトンネルの入り口が見える。これはなかなか経験できない景色だ。

熊ノ平駅跡には、広い構内にホームや架線柱、変電所の建物などが残っていた。レールが紅葉と同じ色に錆《さ》びている。どこか荒涼としているが、それもまたいい。きれいに整備された道も、絵になる橋もよかったが、廃線の醍醐味《だいごみ》は、時の流れに取り残されたようなこの静けさにあると改めて思った。

（二〇一二年十一月取材）

日《に》本《ほん》煉《れん》瓦《が》製《せい》造《ぞう》専《せん》用《よう》線《せん》

関東

埼玉県

［廃止区間］
深谷駅―
上敷免（工場敷地内）

［廃止時期］
昭和50年（1975年）
3月31日

［路線距離］
4.2km

上野駅からJR特急「草津《くさつ》」に乗り、深谷《ふかや》駅で降りてホームから跨線橋を見上げたら、赤レンガの堂々たる駅舎がそびえていた。線路をまたぐ橋の上に駅舎がある不思議な光景だ。ホームから駅舎の外観が見えるのがめずらしくてカメラを取り出すと、ほかにも携帯電話で写真を撮っている人がいた。まるでヨーロッパの駅舎のようで絵になるのだ。「関東の駅百選」にも選ばれているこの駅舎は、平成八年（一九九六年）、東京駅を模して建てられたというが、それには由来がある。

ネギで有名な深谷はレンガの町でもある。明治二十一年（一八八八年）、日本煉瓦製造株式会社が操業を開始。ここ

プレート・ガーダー橋（手前）とボックス・ガーダー橋（奥）からなる福川鉄橋は、イギリス人鉄道技師ポーナルの設計。現存する日本最古のポーナル型プレート・ガーダー橋で、建設当時の姿をほぼそのままとどめている

で作られたレンガが、大正三年（一九一四年）に開業した東京駅の駅舎に使われた。東京駅は、丸《まる》の内《うち》駅舎を開業当時の姿に復元する工事が行われ、戦災で焼け落ちたドーム型の屋根も、もとの姿でお目見えしている。復元された駅舎には深谷のレンガが残っているそうだ。

このレンガを運んだのが、日本煉瓦製造の工場があった上敷免《じょうしきめん》と深谷の約四キロを結んでいた日本煉瓦製造専用線だ。明治二十八年（一八九五年）、日本で初めての民間専用線として運転が開始され

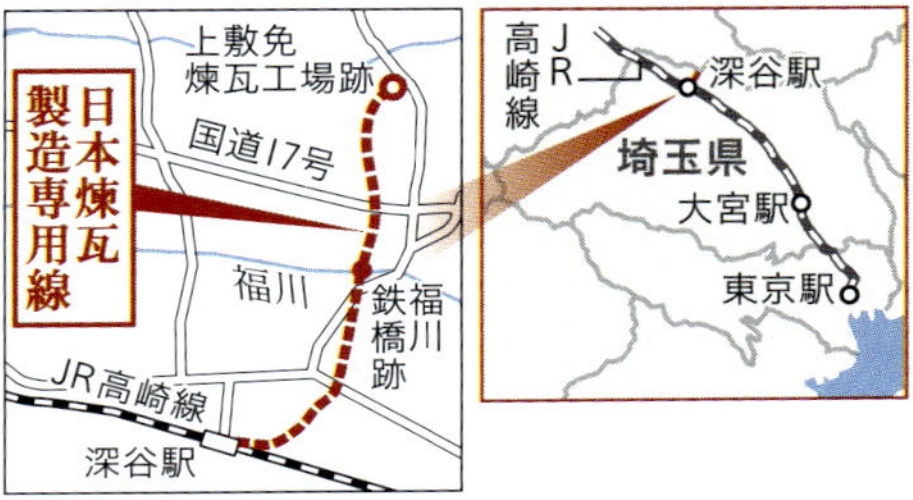

た。輸送手段がトラックに変わり、昭和五十年（一九七五年）に廃止されたが、廃線跡は遊歩道として整備されている。

＊

深谷駅からしばらくの間、廃線跡は静かな住宅街をゆく。両脇の植え込みに「シャリンバイ」「キンモクセイ」など、植物の名と説明が記されたプレートが立てられていた。「オトメツバキ」の説明を読もうと近づいたら、プレートの足もとに、香箱《こうばこ》座り(足を身体の下にしまい込んだ恰好《かっこう》)をした猫がいた。眠そうな顔でこちらを見上げたが動く気配はなく、そのまままたウトウト。猫がリラックスできる町はいい町だ。

この廃線には線路の跡は残っていないが、貴重な遺構がある。明治政府に招かれて鉄道建設を指導したイギリス人の鉄道技師、チャールズ・ポーナルの設計による鉄道橋である。全部で三か所あるが、中でもかつての姿をよくとどめているのが、福川《ふくかわ》に架かっていたプレート・ガーダー橋と、その北側の水田に架かっていたボックス・ガーダー橋からなる福川鉄橋だ。プレート・ガーダー橋とは橋桁《はしげた》が鋼板で組み立てられている橋で、より重い荷重を支えるため鋼板を箱状に組んだものをボックス・ガーダー橋という。

福川鉄橋は現在、近くの公園に保存され、レールや橋桁の様子を間近で見ることができる。何とも力強いフォルムで、鉄とレンガ、枕木の組み合わせが美しい。明治期に造られた橋やトンネルをいくつか見てきたが、共通しているのは思わず手を触れたくなることだ。実際に触ってみると、人間のために長い歳月を働いてきたものが持つ温かなエネルギーが伝わってくる。

福川鉄橋を越えると田園地帯が広がり、廃線跡は黄金色の麦畑と田植えを終えたばかりの水田の中を進む。やがて右手に、古びたレンガの塀が現れた。このあたりが上敷免である。塀の向こうがかつてのレンガ工場で、現役時代は、敷地内まで線路が続いていたらしい。レンガの塀に手を当てると、陽射《ひざ》しでほんのりぬくもっていた。

国産レンガは安価な外国製品に押され、日本煉瓦製造も平成十八年（二〇〇六年）に約一二〇年の歴史に幕を下ろした。レンガの町として栄えた時代の記憶をいまに伝えているのが深谷駅の駅舎というわけなのだが、あのレンガは本物ではなく、レンガを模したパネルだと帰宅してから資料で知り、少しばかり残念な気持ちになった。

（二〇一二年六月取材）

東《とう》武《ぶ》鉄《てつ》道《どう》熊《くまが》谷《や》線《せん》

埼玉県

［廃止区間］
熊谷駅―妻沼駅

［廃止時期］
昭和58年（1983年）
6月1日

［路線距離］
10.1km

東武鉄道熊谷線の廃線跡を利用した遊歩道を歩いていたら、巨大な亀に遭遇した。数日前に降った雪を甲羅に載せたまま、じっと動かない。少し歩くとまたもや亀。つがいなのか、道をはさんで向かい合っている。もちろん本物の亀ではなくオブジェなのだが、なぜ廃線跡に亀なのか。

それは、熊谷線を走っていた蒸気機関車の速度があまりにも遅く、「カメ号」と呼ばれていたからだ。ちなみに遊歩道の名は「かめのみち」という。

昭和五十八年（一九八三年）に廃止された東武鉄道熊谷線は、国鉄（現在のＪＲ）高崎《たかさき》線の熊

利根川を越えた群馬県側の河川敷に残る橋脚。終戦によって工事は中断され、鉄路が川を渡ることはなかった

谷駅から北上し、利根川《とねがわ》にぶつかる手前の妻沼駅《めぬま》までの一〇・一キロを走っていた。

開通は戦時中の昭和十八年（一九四三年）。当時、利根川を渡った先の群馬県太田市《おおた》には中島飛行機《なかじま》の工場があった。もともとはそこへ物資と人員を運ぶために軍が命じて敷設させた鉄道だったが、妻沼から先の工事を行っている最中に終戦となる。利根川を越えて群馬県側とつながるはずだった線路は、妻沼駅で行き止まりになった。

戦後は住民の足として利用されたが、燃料の石炭の質が悪く、また高崎線をオーバークロスす

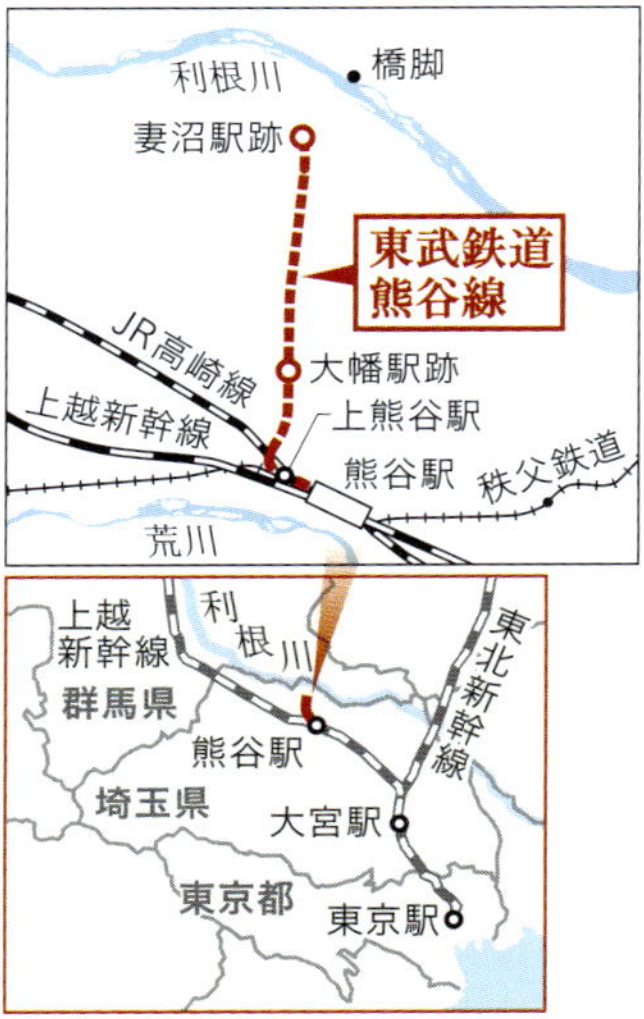

るために勾配を上らなければならなかったことから、一〇・一キロを走るのに二四分もかかっていた。それで「カメ号」というあだ名がついたのだった。

昭和二十九年（一九五四年）からはディーゼルカーが導入されて一七分で走れるようになったが、住民に愛されたカメの名は残り、「特急カメ号」と呼ばれた。

熊谷線は、熊谷駅を出てから次の上熊谷駅まで、秩父《ちちぶ》鉄道と並行して走っていた。この区間を秩父鉄道に乗ると、レールが残っているのを車窓から確かめることができる。

上熊谷駅を出てしばらくしたあたりで、熊谷線は右にカーブして北上していた。現在はこのあたりから廃線跡を利用した「かめのみち」が始まっている。雪の残る遊歩道を、学校帰りの女子高生たちが、制服のスカートの下にジャージーをはいた防寒スタイルで元気に歩いていた。

高崎線と交差する部分でいったん遊歩道は途切れ、回り道をして踏切を渡らなければならないが、その前後は道がこんもりと高くなっていて、築堤の跡だとわかる。

しばらく行くと動物の鳴き声がした。モォーッと牛の声のように聞こえる。まさかと思いながらキョロキョロしていたら、犬の散歩中の中年女性が「牛がいるんですよ」と教えてくれた。彼女が指さした先、遊歩道沿いに立てられた木の柵の向こうにいるのは、確かに牛だった。見ると「熊谷農業高等学校実習地」と書かれた標識が立っている。

牛舎の向かい側は畑で、積もった雪の下でネギがぐったりしていた。「収穫は無理でしょうねえ。かわいそうにねえ」とさっきの女性。数日前に降ったのは、関東ではめずらしい大雪で、まだ大量に溶け残っている。高校生たちもがっかりしているだろう。

遊歩道が尽きた先では道路工事をしていた。この先が大幡《おおはた》駅跡だが、立ち入り禁止なので迂回《うかい》して進むと、まもなく市道として整備された廃線跡に出た。一直線に進んだ先が妻沼駅跡だが、現役時代の面影はない。

廃線跡はここまでだが、さらに北上して利根川を渡ることにした。対岸に、建設途中で中止された鉄橋の橋脚が残っていると聞いたのだ。

河川敷を歩くと、巨大な柱がぽつんと立っていた。ほかの橋脚は撤去され、一本だけが残ったという。コンクリートの肌は、七〇年近い戦後の時間がこびりついたように、黒ずんでザラついていた。

（二〇一四年二月取材）

陸《りく》軍《ぐん》鉄《てつ》道《どう》聯《れん》隊《たい》軍《ぐん》用《よう》線《せん》

千葉県

［廃止区間］
都賀—八街—三里塚
四街道—都賀
千葉—津田沼
津田沼—松戸・中の浜
など

［廃止時期］
終戦後
〈昭和20年（1945年）8月15日以降〉

［路線距離］
——

世にも不思議なトンネルの写真を見た。坑門は堂々としているが、奥行きが異常に短く、まるでトンネルの輪切りのよう。しかも、公園のような木立の中に立っている。見た途端、頭の中に「?」マークが点滅した。

この写真が載っていたのは、宮脇俊三さんが編者を務めた廃線ファンのバイブル『鉄道廃線跡を歩く』シリーズ（JTBパブリッシング）の新版である、『新・鉄道廃線跡を歩く』（同）の南東北・関東編。千葉県の陸軍鉄道聯隊軍用線を紹介するページである。

鉄道聯隊の任務は、戦地で兵員や物資を運ぶための鉄道を敷き、車両を走らせること。敵の鉄道を占領したり、破壊したりすることもある。千葉県には、明治四十一年（一九〇八年）から太平洋戦争終結まで鉄道聯隊が置かれ、演習のための軍用線が通っていた。このトンネルも、演習で構築されたものだという。あり得ないほど短いのは、そのためだった。

かつて陸軍鉄道第一聯隊の作業場だった千葉公園に残る演習用トンネル。中央上部に鉄道聯隊の徽章が見える

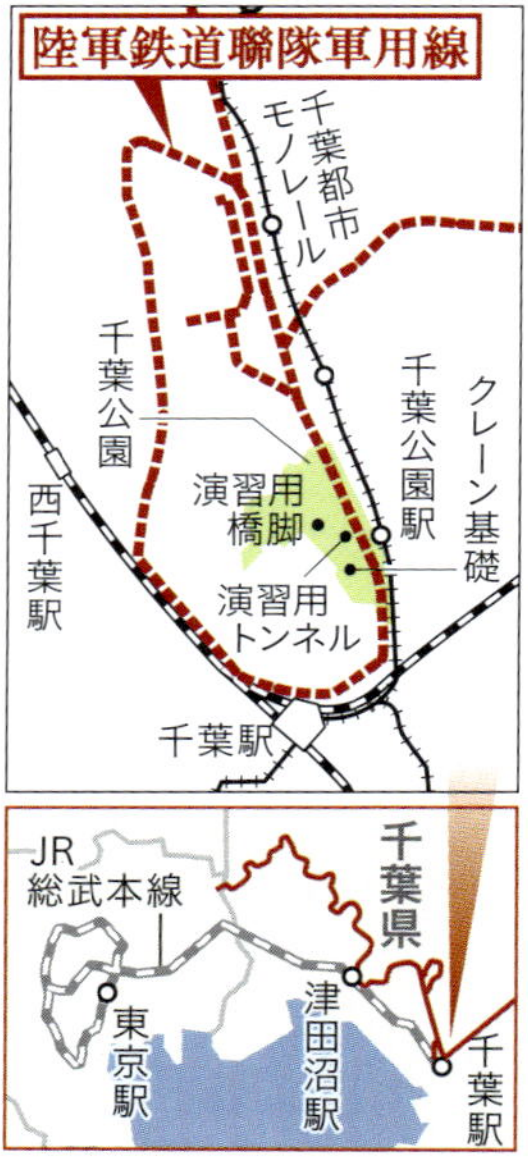

冬晴れの一日、ずっと気にかかっていたこのトンネルを見に行くことにした。トンネルがあるのは、千葉市にある千葉公園の中。ここはかつて、鉄道第一聯隊の作業場（演習場）だったところだ。

JR千葉駅で降り、千葉都市モノレールに乗り換える。千葉公園駅までは一駅だ。東京モノレール羽田空港線の車両がレールの上を走る「跨座《こざ》式」であるのに対し、こちらはレールにぶら下がるようにして走る「懸垂式」。こちらのほうが未来都市っぽくて断然楽しい……と思っていたら、テレビや映画のロケによく使われているそうだ。ちなみにここは、懸垂式のモノレールでは営業距離が世界最長だという。

＊

目指すトンネルは、千葉公園の入り口に近い管理事務所の裏手にあった。狭い駐車場の隅にひっそりと立っている。ほとんど人目にふれない場所で、横には洗濯物が干してあった。

奥行きはやはり短く、三、四メートルといったところ。いかにもトンネルらしい四角い形は正面だけで、横から見ると、土管状になっている。写真を見たときはトンネルの輪切りのようだと思ったが、実物を見ると、土管の輪切りにコンクリート板を張り付けたような感じである。

公園内にはほかにもコンクリートのクレーン基礎と橋脚が残っている。橋脚は見上げるほどの大きさで、写真を撮っていたら、散歩中の年配の男性に「これは何かの記念碑ですか?」と尋ねられた。地元の人で、ここに鉄道聯隊があったことは知っていたが、この巨大な建造物が何なのかは知らなかったそうだ。先ほどのトンネルには「元鉄道隊演習時構築せる隧道《ずいどう》」、この橋脚には「元鉄道隊架橋訓練跡」と書かれたプレートが取り付けられているが、ちゃんとした説明板がほしいところだ。

軍用線の跡は残念ながらほとんど残っていない。千葉駅に戻り、総武《そうぶ》本線で津田沼《つだぬま》駅へ向かった。駅の南側にはかつて鉄道第二聯隊の本営があり、その正門が千葉工業大学の通用門として残っている。

赤レンガの門柱に、白く塗られた木の扉。クラシックで美しいこの門は、国の登録有形文化財になっていて、立派な説明板もある。

さっき見てきた千葉公園内の遺構とつい比べてしまった。第一聯隊のトンネルや橋脚は、地味ではあるが、鉄道遺産としても軍事遺産としても貴重なものだ。整備して後世に残してもらえないものだろうかと思いつつ東京に帰ってきた。

(二〇一二年十二月取材)

東京都港湾局専用線《とうきょうとこうわんきょくせんようせん》晴海線《はるみせん》

東京都

［廃止区間］
深川線分岐—晴海埠頭

［廃止時期］
平成元年（1989年）
2月9日

［路線距離］
——

これまで全国各地の廃線跡をめぐってきたが、今回は、私が暮らす東京の廃線跡を訪ねることにした。東京都港湾局専用線の晴海線である。秋の連休の最初の日で、天気は最高。ちょっとしたレジャー気分で近場に出かけ、海風に吹かれて歩くのも悪くないと思ったのだ。

晴海線は、東京都港湾局が敷設した臨港鉄道のひとつで、国鉄越中島駅《えっちゅうじま》（現在のJR越中島貨物駅）から伸びる深川線《ふかがわ》より分岐し、晴海埠頭《ふとう》まで達していた。開通したのは昭和三十二年（一九五七年）、日本が高度成長期を迎え、東京の

晴海橋梁は、コンクリート橋と鉄橋をつなげたような変わった形。レールも健在で、独特の存在感を放っている

臨海工業地帯への貨物輸送が大幅に増えた頃である。

東京都港湾局専用線には、ほかに豊洲《とよす》方面に向かう豊洲物揚場《ものあげば》線と豊洲石炭埠頭線があったが、トラックの利用が増えたことや工場の移転などによって貨物量が減り、それぞれ昭和六十年（一九八五年）、六十一年（一九八六年）に廃止となっている。最後に残った晴海線が廃止されたのは、平成元年（一九八九年）のことだった。

JR京葉《けいよう》線の潮見《しおみ》駅で降り、晴海埠頭を目指して歩く。再開発が進み、線路の跡はほと

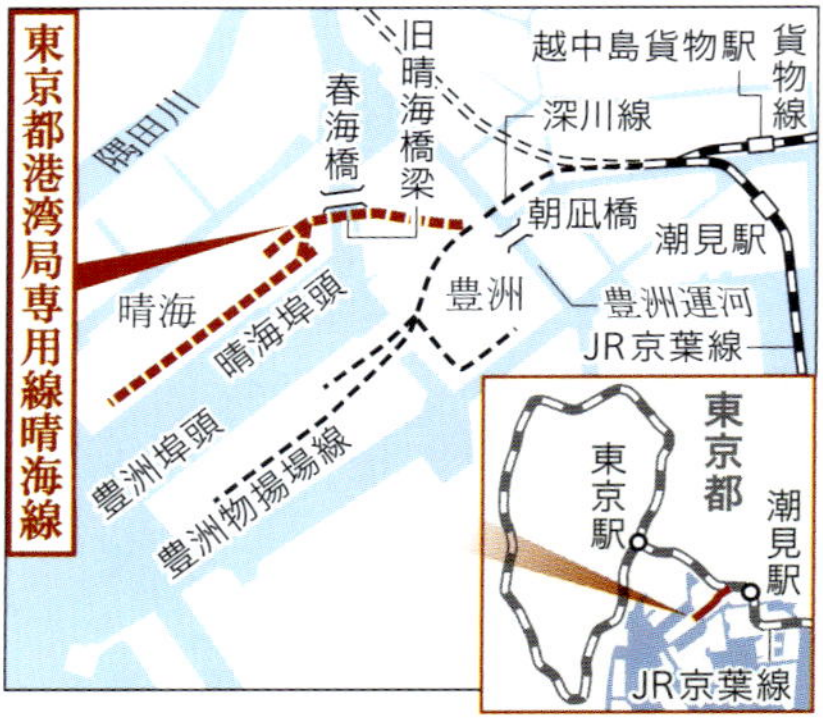

んどわからなくなっているが、この先には、鉄道ファンにはよく知られた〝奇跡の橋〟が残っているのだ。

資料で何度も目にしたことのあるこの橋との出会いを楽しみにしつつ、まずは豊洲運河を渡る。ここには現在架かっている朝凪橋《あさなぎばし》と並行して、かつて晴海線の鉄道橋が架かっていた。いまはコンクリートの橋台だけが残っている。

朝凪橋を渡って豊洲地区に入ると、それまでの下町らしい風景が一変して、高層ビルやマンション、巨大なショッピングセンターが建ち並ぶ、超近代的な人工都市空間となる。洒落《しゃれ》たカフェやレストランもあり、犬を連れて散歩する人の姿も多い。

豊洲運河沿いは遊歩道になっていて、イーゼルを立てて絵を描いている人が何人もいた。みな運河の上流、隅田川《すみだがわ》の方を向いている。広々とした運河の先に、隅田川の川岸に立つ高層マンション群を望むここからの景色は、なるほど絵になる。東京を代表する新しい景観といえるかもしれない。

運河の水面から顔を出した橋台にカメラを向けていると、絵を描いていた銀髪の婦人に

「何を撮っているんですか」と声をかけられた。昔ここを鉄道が通っていた話をすると、まったく知らなかったとのこと。三年前、新宿区にあった自宅を売って、豊洲に移り住んできたそうだ。

ビルの谷間を抜けてさらに進む。昔、晴海線が横切っていた敷地には、いま巨大なビルが建っている。ここで働いている人たちも、自分たちのオフィスがかつての線路の上にあるとは思いもしないだろう。

交差点を渡ると、いよいよ晴海線最大の遺構との対面である。潮風に赤く錆《さ》びた鉄骨が、力強くも優雅な曲線を描く鉄道橋、晴海橋梁。真新しいビル群に囲まれて、往時の姿のまま残っている。レールも枕木もそのままだ。

渡ることはできないが、すぐ横にかかる春海橋（こちらは「春」の字を使っている）から間近に眺めることができる。東京湾岸の環境が激変する中、変わらない姿をとどめているのはまさに奇跡的。周囲の景色とのミスマッチがまたいい。

春海橋を渡った先が晴海埠頭だ。アスファルト舗装された倉庫街の一角に、撤去されたレールの跡がかすかに残っていた。

（二〇一一年九月取材）

横浜臨港線《よこはまりんこうせん》・山下臨港線《やましたりんこうせん》

関東

ＪＲ根岸線の桜木町駅で電車を降り、ロータリーを越えて東方向に歩き出すと、五分もしないうちに海が見えてきた。ランドマークタワーや、ヨットの帆のかたちをした高層ホテル、大観覧車など、いかにも横浜らしい港の景色が次々と現れる。観光やショッピングを楽しむ人たちで賑《にぎ》わう、みなとみらい地区だ。

　ここから山下公園の手前まで廃線跡が残っていることを知ったのは最近のことだ。こんな都会の真ん中で廃線歩きができるとは、神奈川県在住のテツ友に教えられるまで知らなかった。しかも、海風に吹かれながら、明治～大正期に造られた美しいトラス橋を四つも渡ること

神奈川県

［廃止区間］
ⓐ高島駅―横浜港駅
ⓑ横浜港駅―山下埠頭駅

［廃止時期］
ⓐ昭和62年（1987年）3月31日
ⓑ昭和61年（1986年）11月1日

［路線距離］
ⓐ4.3km　ⓑ2.0km

明治42年（1909年）に架けられた、横浜臨港線の港一号橋梁。それまで多かったイギリス製のトラス橋に代わり、この頃からアメリカ製が主流となった

のできる黄金ルートである。

桜木町駅のすぐ東側、いまはロータリーになっているあたりに、かつて東横浜という駅があった。東海道本線の貨物支線の一部で、横浜臨港線とよばれた路線の駅である。

横浜臨港線は大正九年（一九二〇年）までに全線が開通、高島駅―東横浜駅―横浜港駅の四・三キロを走っていた。昭和四十年（一九六五年）にはさらに横浜港駅―山下埠頭駅の二・〇キロが開通、こちらは山下臨港線とよばれたが、扱い貨物の減少により両線とも昭和六十一年に貨物営業を終了している。

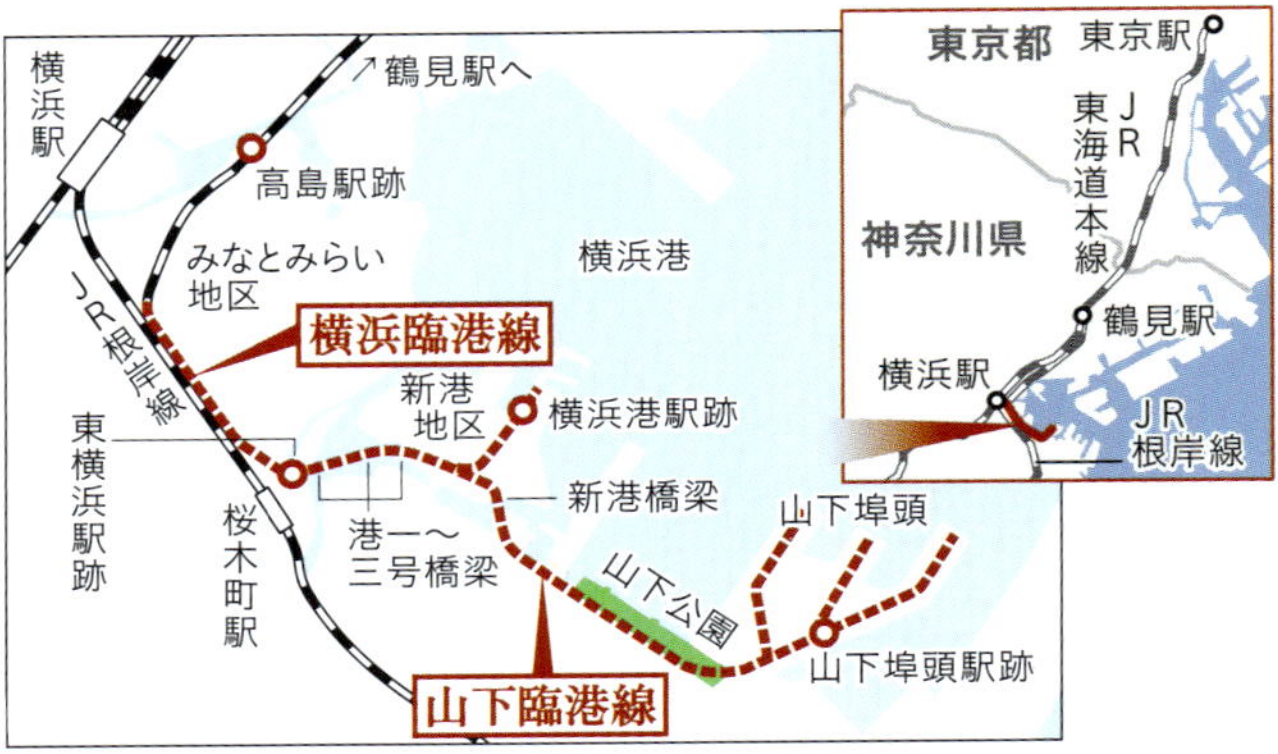

＊

横浜臨港線の廃線跡は「汽車道」として整備されていた。ありがたいことにレールは残してある。

ふだんの廃線歩きで出会う人といえば、農作業をしている人や、自転車通学の中高生くらいだが、さすがは横浜、犬を連れて散歩するお洒落な女性や、若いカップル、スーツ姿のビジネスマンまで、多くの人が行き交っている。

このルートには、「港一〜三号橋梁」とよばれる三つの鉄道橋が残っていて、それぞれ横浜市認定歴史的建造物となっている。一号、二号橋梁は明治四十年代に架設されたアメリカ製の複線トラス橋で、白く塗られた優美な姿をしている。三号橋梁は北海道の夕張川橋梁を転用したもので、こちらはイギリス製である。

三つの橋を渡り終えると、新港地区とよばれるエリアに入る。赤レンガ倉庫の間に引込線が残っており、横浜港駅のホームが復元されている。ここからは山下臨港線の廃線跡になる。

歩き出してまもなく、四つ目のトラス橋があった。大正元年（一九一二年）製造の「新港橋梁」だ。橋の全景を撮ろうと土手に回ると、カメラを手にした先客がいた。港一号、二号橋梁のところでも見かけた青年だ。

同好の士に違いないと思って声をかけたが、鉄道ファンというわけではなく、この橋がもともと鉄道橋だったことも知らなかったという。お節介とは思いつつ、かつてここを列車が走っていたことを説明した。「鉄道橋ってこんなにきれいなんですね」と言われ、自分がほめられたような気分になった。

橋を渡った先から山下埠頭駅まで、現役時代の線路は高架上を走っていた。現在は「山下臨港線プロムナード」となり、山下公園の入り口まで、港を見下ろしながら線路跡を歩くことができる。汽笛が聞こえ、船の出入りが見える、最高の散歩道だ。

レールは残っていないので、歩いている人のほとんどは、ここが線路だったとは気づいていない。手すりにもたれて港を眺めるカップルに教えてやりたい衝動にかられたが、ぐっと抑えて思いとどまった。

（二〇一一年九月取材）

新《にい》潟《がた》交《こう》通《つう》電《でん》車《しゃ》線《せん》

中部

新潟県

［廃止区間］
白山前駅ー燕駅

［廃止時期］
平成11年（1999年）
4月5日

［路線距離］
36.1km

月潟《つきがた》駅は、見晴らしのいい高台にある。白山前《はくさんまえ》─燕《つばめ》間を走っていた新潟交通電車線が、平成十一年（一九九九年）に全線廃止となったのにともなって役目を終えたが、駅舎もホームも健在。ゆったりと流れる中ノ口《なかのくち》川と、昭和の面影を残す月潟商店街にはさまれ、小春日《び》和《より》の日なたぼっこにちょうどいい、のどかな雰囲気を漂わせている。

構内には、かつて活躍した三両の車両が保存されている。「モハ10形モハ11号電車」、「モワ50形モワ51号電動貨車」、そして、雪国ならではの「キ100形キ116号ラッセル車」。

一〇〇人ほどの男性が、車体の下にもぐり込んだり、屋根に上ったりして作業をしていた。冬がくる前に、雪

除雪に活躍したラッセル車。冬囲いの保護シートをかけるための竹の支柱が正面に立てられている。後方は冬囲いの作業をしている保存会の人たち

よけと風よけのため、それぞれの車両を保護シートで覆っているのだ。

彼らはみなボランティア。「かぼちゃ電車保存会」のメンバーだ。かぼちゃ電車という愛称は、緑と黄色に塗り分けられた車体の色からきている。鉄道好きの小学生の男の子とその母親といっしょに、ホームのベンチで作業を見学させてもらった。

シートで覆った車体に、格子状にロープをかけて固定していく。男性たちは声をかけ合って、いかにも息

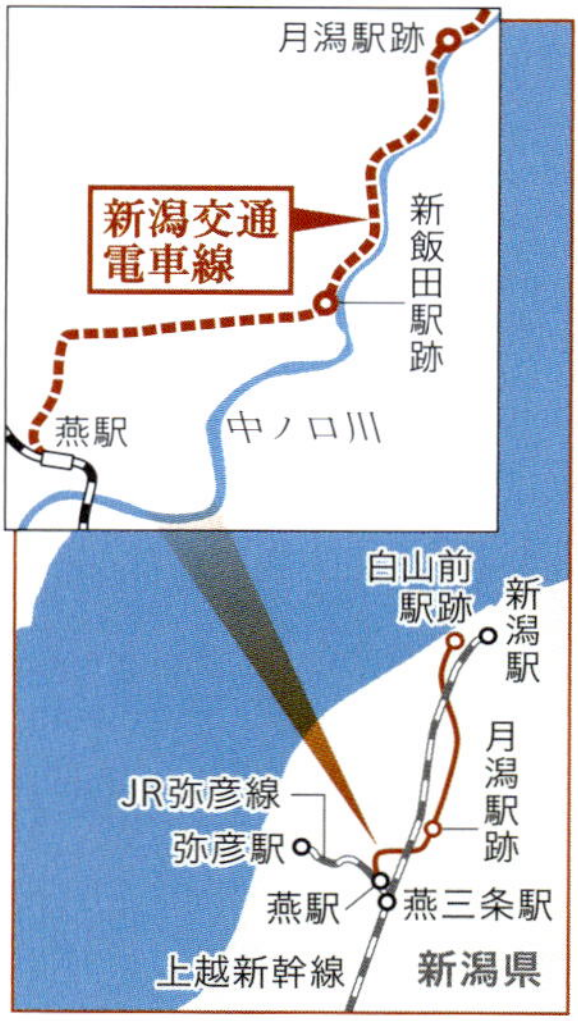

の合った様子だ。
「新潟交通が全線廃止になってから、もう一〇年以上やっていますから」と保存会の会長を務める丸山裕さん。「でも実を言うと毎年、最初は要領を忘れてるんですよ。僕たち素人なんで」と笑うが、車体の側面に立てた脚立《きゃたつ》の上でロープを結束していく手つきはあざやかだ。

保存会は、地元月潟の住民や近隣の鉄道愛好者などが集まって発足し、駅の整備と管理、車両の保存を行ってきた。毎年、秋になると、休日を利用してメンバーが集まり、二か月かけて車体の冬囲い作業を行っている。

シートをかける前にミラーやヘッドライト、避雷器などをはずし、パンタグラフなどの突起物には緩衝材を巻く。車体をこすって塗装をはがさないよう気をつけながら、まず薄手のシートをかけ、その上から厚手のシートをかける。細心の注意を払っての丁寧な作業からは、鉄道マニアの情熱というよりも、地元で長く働いてきた車両への敬意が感じられて、いい光景を見せてもらったと嬉《うれ》しくなった。ちなみに、貨車は新潟交通（当時は新潟電鉄）が開業した昭和八年（一九三三年）から、ラッセル車は同四十三年（一九六八年）から使用され、廃止の日まで走り続けてきた。

三両のうち、先頭のラッセル車にはまだシートがかけられておらず、黒光りする鋼鉄の車体を見ることができた。線路に下りて正面から見ると、ほれぼれするような力強さ。ラッセル車は凹凸が多いので、表面を傷めないよう、柱や木枠を立てて箱形にシートをかける工夫をしているそうだ。

月潟駅を後にし、燕駅までの約一二キロを歩いた。途中の新飯田《にいだ》駅跡までは、中ノ口川に沿った高台の道で、遠くまで開けた眺望が素晴らしい。

「現役時代、この川沿いを走る電車は絵になりました。よく対岸から撮ったものです」と、旧月潟駅で会った〝撮り鉄〟の男性が言っていた。

新飯田駅から先は、田んぼの中を抜けていく。刈入れがすっかり終わった田は、晩秋の陽《ひ》射《ざ》しを浴びてゆっくりと休憩しているように見えた。

（二〇一〇年十一月取材）

ＪＲ篠《しの》ノ《の》井《い》線《せん》旧《きゅう》線《せん》

長野県

［廃止区間］
明科駅―西条駅

［廃止時期］
昭和63年（1988年）
9月10日

［路線距離］
9.9km

廃線の代表的な遺構といえば、橋梁《きょうりょう》とトンネルだろう。私見では廃線ファンは橋梁派とトンネル派に分かれる。私の場合、形がバリエーションに富んでいて、どの角度からも絵になる橋梁のほうが好きなのだが、まれにトンネルに一目惚《ひとめぼ》れすることがある。篠ノ井線旧線の漆久保《うるしくぼ》トンネルはそのひとつだ。レンガの赤に苔《こけ》の緑が映え、何ともいえず美しい。正面の上部が黒ずんでいるのは、蒸気機関車が走っていた頃の煤《すす》の色である。

明治三十五年（一九〇二年）開通というから、一〇〇年以上の歳月を経ていることになる。そのうち八六年間は現役だった。坑口の前に立って見上げると、人が長い間手をかけて使い続けてきた建造物のもつ独特のぬくもりが感じられる。

ＪＲ篠ノ井線は、中央本線の塩尻《しおじり》駅と信越《しんえつ》本線の篠ノ井駅を結んでいる。そのうち明科《あかしな》―西条《にしじょう》間は、カーブが多く高低差も大きかったため、三つの新しいトンネルによってほぼ直

漆久保トンネルは、壁柱、胸壁、翼壁、帯石、笠石（かさいし）といったトンネルの構成要素をすべて備えた基本形。シンプルな美しさがある

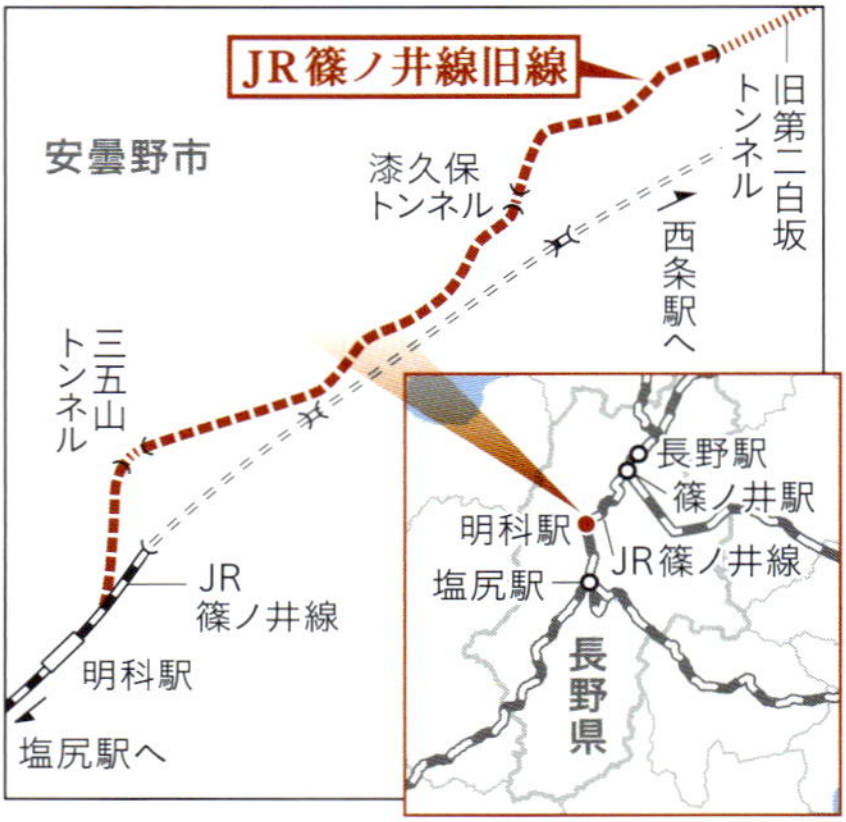

線のルートを取る新線が計画され、昭和六十三年（一九八八年）に完成した。廃止となった旧線部分のうち、三五山《さごやま》トンネルの出口から旧第二白坂《しらさか》トンネルの入り口手前まで、約四キロが散策路として整備されている。

レールは撤去されているが、架線柱や信号、キロポストなどが残っていて、カメラを向けたくなる景色が次々に現れる。二キロほど歩いたところで、年配の男性から「雪が残ってるから、足もとに気をつけて」と声をかけられた。

「漆久保トンネルは、去年の四月に通れるようになったんだよ。三五山トンネルも来月から通れるようになるから、またいらっしゃい」

「この先の東平《ひがしだいら》という高台から、北アルプスがきれいに見えるよ」

ずいぶん詳しいと思ったら、地元・潮沢《うしおざわ》地区の区長、寶《たから》喜吉《きよし》さんだった。寶さんによれば、この廃線跡は地元の有志が平成十八年（二〇〇六年）にボランティア組織を結成して整備を始めたものだという。ゴミ拾いからスタートして、生い茂っていた草を刈り、周囲の林の間伐を行った。鉄道ファンのガイドをするために、専門家を呼んで勉強会も開いた。こうした活動の中で、漆久保トンネルに歴史的な価値があることを知り、安曇野《あづみの》市に補修を要請。市がこれに応え、長い間閉鎖されていたトンネルが再び通れるようになったそうだ。

勾配《こうばい》のきつかったかつての線路を、蒸気機関車があえぐように上っていた頃を知る寶さんは、明治時代からの旧線の歴史を学んで、改めて地元に愛着がわいてきたと語る。

「沿線のケヤキ、きれいでしょう？　三万本もあるんだけど、自然の林じゃないんです。この地区は線路の両側が斜面になっているから、昔から地滑りや土砂崩れが多かった。それを防ぐために人の手で植林されたものです」

明科―西条間は日本で初の鉄道防備林が設けられた区域だという。大正十年（一九二一年）頃にニセアカシアが植えられ、昭和二十年代にケヤキに替わった。一世紀近くにわたって人間の手で保守・整備が行われてきた歴史は、漆久保トンネルと共通している。

この廃線跡の美しさは、自然と折り合いをつけるために人々が精魂を込めてきた営為の美しさなのだろう。線路がなくなったいまも、その精神は、手間を惜しまず地道に鉄道遺産を守る地元の人たちに引き継がれている。

（二〇一〇年三月取材）

布《ぬの》引《びき》電《でん》気《き》鉄《てつ》道《どう》

長野県

［廃止区間］
小諸駅―島川原駅

［廃止時期］
昭和11年（1936年）
10月28日

［路線距離］
7.6km

長い下り坂の先は、林になっていた。新緑の木立を突っ切っていくと、突然視界がひらけて広い河原に出た。ゆったりと流れているのは、千曲川《ちくまがわ》である。

目指すものはすぐに見つかった。河原にそびえる円筒形の構造物。布引電気鉄道の遺構、千曲川橋梁の橋脚だ。

遠目には、大きな煙突が直接、地面から立ち上がっているように見える。近づいて観察すると、粗く積んだ石をコンクリートで固めてあるのがわかった。これまで見てきた鉄道橋の橋脚の遺構と違って、ずいぶんラフな作りである。川の中ほどには、もう一本の橋脚が、倒れて朽ちかけているのが見

千曲川を渡っていた橋梁の橋脚が河原に残る。不規則な石積みの、素朴な造りだ

えた。

　廃線跡をめぐっていると、残っている確率の高い構造物は、トンネルと、橋の橋台・橋脚であることがわかってくる。撤去に費用がかかるのと、レールや駅舎と違って、そこにあっても邪魔にならない場合が多いことが理由だろう。

　全国各地でたくさんの橋脚を見たが、どれもレンガや石できっちり積まれていた。ところがこの橋脚は、石の大きさも積み方も不規則で、土台部分のコンクリートも小石が多く混じっている。橋脚としては不安な気がしないでもな

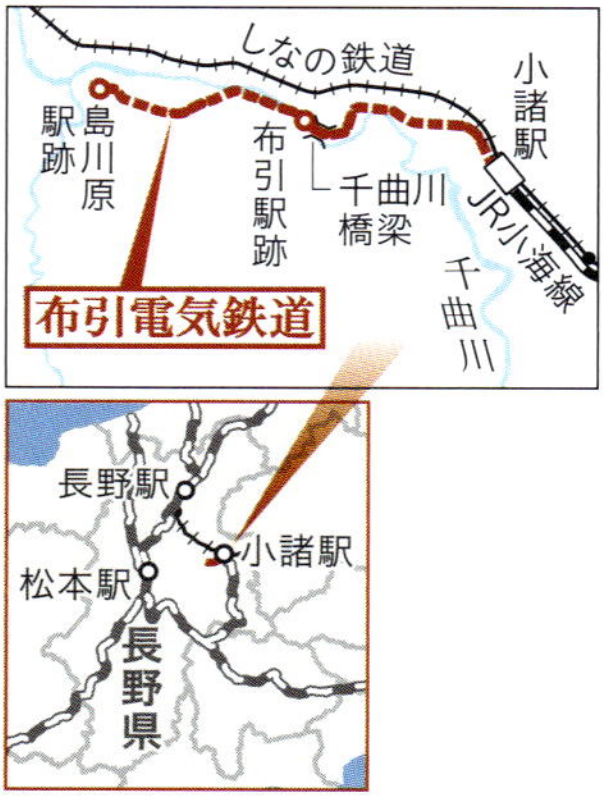

いが、手作り感のただよう素朴さには、ほかの廃線遺構にない魅力がある。

布引電気鉄道が開通したのは、あと少しで昭和になる大正十五年（一九二六年）十二月一日だった。小諸《こもろ》—島川原《しまがわら》間の七・六キロを結び、昭和三年（一九二八年）から同五年にかけては、島川原駅近くに建設中だった発電所の建設資材や作業員の運送に活躍した。だがその後は乗客が減り、最後は電気料金も支払えない状態だったという。昭和九年（一九三四年）、送電停止のため運行休止となり、そのまま昭和十一年（一九三六年）十月に廃止されてしまった。実質的な営業期間は一〇年に満たない。そうした歴史を知ると、この橋脚も、何となく哀愁を帯びた佇《たたず》まいに見えてくる。

この河原まで坂を下ってきた道が廃線跡である。始点の小諸駅は、現在のしなの鉄道小諸駅の南側にあったというが、跡は残っていない。千曲川橋梁の手前に押出《おしだし》という駅があったはずだが、その跡も特定することはできなかった。

千曲川を渡った先には、かつて布引駅があった。強欲な老婆が牛に持っていかれた白布を追って善光寺《ぜんこうじ》まで行きつき、信仰心に目覚めたという逸話「牛に引かれて善光寺参り」で知られる布引観音の最寄り駅だったが、ここも駅跡はすでにない。

牛が観音様の化身だったという「牛に引かれて……」の話は知っていたが、あの老婆が小諸の人だったとは知らなかった。

ここから善光寺まではずいぶん距離がある。老婆の身でたどり着けるものだろうか……などと思いつつ、「布岩《ぬのいわ》」を探しながら、かつて線路だった道路を歩いた。「布岩」とは、老婆の白布が貼り付いた跡だという伝説のある白い岩で、道路脇にそびえる断崖の途中に見えるはずだ。

農作業をしていた男性に聞くと、「ほら、あそこ」と指をさして教えてくれた。確かに、岩肌にチョークで描いたような白い線が見えた。

「あのー、ここから善光寺って遠いですよね。あの伝説、無理がありませんか」

帰りに乗ったタクシーの運転手さんにそう言うと、「人間、欲と二人づれならどこまでも行けるもんだよ」。なるほどと納得してしまった。


（二〇一四年六月取材）

JR中央本線《ちゅうおうほんせん》
旧大日影《きゅうおおひかげ》トンネル

山梨県

［廃止時期］
平成９年（1997年）

［トンネルの延長（長さ）］
1367.8ｍ

ＪＲ中央本線の勝沼《かつぬま》ぶどう郷《きょう》駅で下車すると、幼稚園児の集団が上りの電車を待っていた。めいめいが手に籠を提げている。中には立派なぶどうが二房ずつ。ぶどう狩りの帰りらしい。ホームいっぱいに子供たちのはしゃぐ声が響いていた。

勝沼のぶどう栽培の歴史は約一三〇〇年。地元の大善寺《だいぜんじ》にある薬師如来像は手にぶどうを持っていると、電車で隣り合わせた地元の人が教えてくれた。勝沼はワイン作りの歴史も古く、明治期に建てられたワイン醸造所や石積みのぶどう冷蔵庫などが残っている。

中央本線の八王子《はちおうじ》―甲府間が開通したのは、明治三十六年（一九〇三年）。それまで馬の背に乗せて東京まで六日かかっていたぶどうの出荷が、わずか半日ですむようになったという。

駅を出て左手に進み、土手の階段を上ると、三つ並んだトンネルの坑口が見えてくる。左

トンネルの壁の照明にレンガが浮かび上がって見えるのは作業員のための待避所。距離標、勾配標なども当時のまま残っている

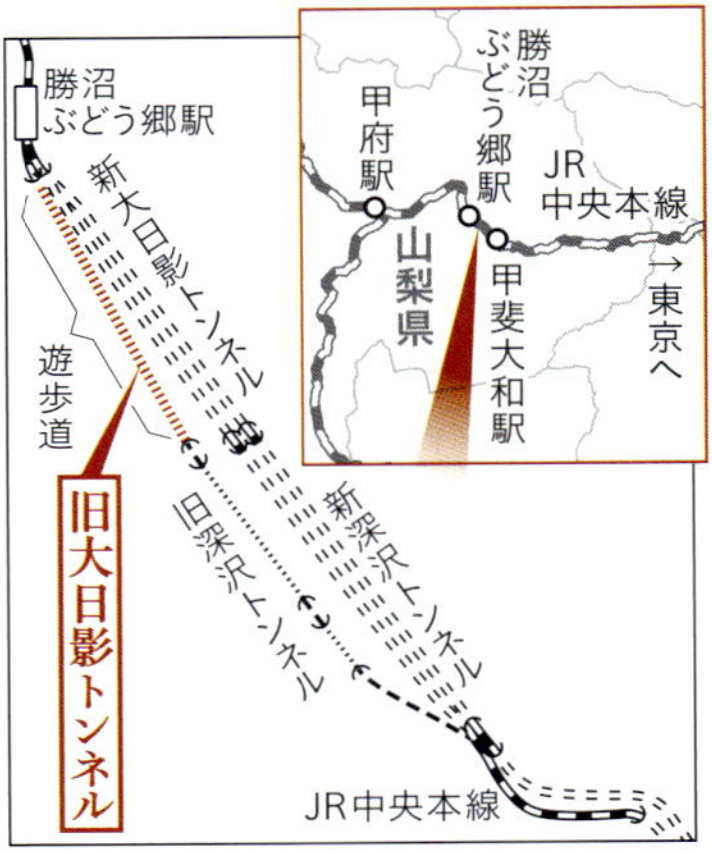

の二つはコンクリート製で、現在使われている新大日影トンネル。それぞれ上りと下りである。そして一番右にあるレンガと石積みのトンネルが、明治三十六年から平成九年（一九九七年）まで使われていた旧大日影トンネルだ。

今回の旅の目的は、このトンネルの中を歩くことである。現在は「大日影トンネル遊歩道」として整備され、レールが残っているだけでなく、待避所、ベンチマーク（保線作業の際の測量の基準点）、連絡用の電話機、各種の鉄道標識などが当時のままになっている。

長さは一三六七・八メートルで、普通に歩いて二〇分から三〇分かかるという。ちょうど歩き終えて出てきた若い女性二人に「怖くありませんでした？」ときくと、「ぜーんぜん！面白かったです。レンガがすてきですよ」という答えが返ってきた。

実際に歩き始めてみると、ところどころにある保線作業員のための待避所が照明に照らされてレンガが赤く浮かび上がり、なるほど幻想的な雰囲気だ。途中からはレールの下に水路があり、そこを流れる水が光に揺らめいて、不思議な美しさを醸し出している。水路のあるトンネルは全国的にもめずらしいそうだ。このトンネル付近には湧水が多いため、排水のために設けられたものだという。

これまで各地で遊歩道となった廃線跡を歩いてきたが、整備されすぎて現役当時の面影が薄くなってしまい、「なんでそのままにしておいてくれなかったの!?」と歯がみをするような思いにかられることが多かった。しかしこのトンネルは、説明板と休息用のベンチが加えられているくらいで、ほぼ現役時代のまま保存されているところがいい。天井にこびりついた煤(かつての蒸気機関車から出たもの)が天井から落ちてくることがあるが、それもまた風情がある。

旧大日影トンネルを出ると、その先にもうひとつトンネルがある。やはり平成九年に廃止された旧深沢《ふかざわ》トンネルだ。ここはワインカーヴとして使用されている。通常のワインボトルが三〇〇本収納できるユニットが三二二あり、レストランなどはもちろん、個人でも契約できる。保管料は年間二五〇〇〇円。大変な人気で、管理を担当する河野光好さんによれば、多くの人が順番待ちをしているという。さすがはワインの町である。

話を聞いているうちにワインが飲みたくなり、帰りにワインカーヴと同様、甲州《こうしゅう》市が経営する「ぶどうの丘」へ。鳥居平《とりいびら》のむこうに沈む夕日を眺めつつ、地元のワインを堪能した。

(二〇一一年十月取材)

国《こく》鉄《てつ》清《し》水《みず》港《こう》線《せん》

静岡県

［廃止区間］
清水駅—三保駅

［廃止時期］
昭和59年（1984年）
4月1日

［路線距離］
8.3km

「清水港《しみずみなと》の名物は　お茶の香りと男伊達《おとこだて》……」

清水港と聞くと、ついこの歌を口ずさみたくなるのは私だけではないはず。小さく鼻歌を歌いながらJR清水駅のホームに降り立ったが、初めて目にする清水港は、歌から想像するイメージとはだいぶ違う、大規模で近代的な港だった。

昭和五十九年（一九八四年）に廃止された清水港線はかつて、この清水港をぐるりと取り囲むように走っていた。大正五年（一九一六年）、清水港に荷揚げされた物資を清水駅（当時は江尻《えじり》駅）に運ぶため、清水港駅までの一・四キロが開通。その後、昭和二年（一九二七年）に清水埠頭《ふとう》駅まで延長され、昭和十九年（一九四四年）、終点の三保《みほ》駅までの全八・三キロが開通した。

廃線歩きの前に腹ごしらえをと入った清水駅近くの鮨屋《すしや》のご主人によれば、現在の清水港はマグロの水揚げが日本一で、世界中の漁場から直接運ばれてくるのだとか。地元のサッカ

木材の荷揚げと積み込みのため、昭和46年（1971年）まで使用されたテルファークレーン。平成12年（2000年）に国の登録有形文化財となった

ーチーム、清水エスパルスのグッズの売店でアルバイトをしていた大学生からは、サッカーボールの輸入が日本一だという話を聞いた。

　あとで調べたら、清水港はオートバイや楽器の輸出、工業原料の輸入なども盛んで、二四時間コンテナ船の荷役作業が可能な国際貿易港なのだった。それでもどことなくのどかな風情があるのは、背後に控える富士山のせいだろう。鮨屋で出会ったオーストラリア人の船員は、入港のとき船上から見る富士山は本当にきれいだと話していた。

　廃線跡からも、もちろん富士山が見える。海と船と富士山、それにおいしいマグロ。今回は、世にも贅沢《ぜいたく》な廃線歩きとなった。

　JR清水駅から三〇分ほど歩くと、清水港駅の跡地に作られた清水マリンパークに着く。ここには昭和三年（一九二八年）に設置された荷役機械、テルファークレーンが保存されている。船で運ばれてきた木材を吊《つ》り上げ、貨車に積み込むためのもので、日本では清水、神戸、名古屋の三港にしかなかった。現存するのはここだけである。

　黒い鉄骨が作る直線と曲線のシルエットは力強くも繊細で、ほれぼれするほど美しい。現代アートさながらで、少し離れたところから見ると、巨大な龍が空に昇っていこうとしているようにも見える。よくぞ残しておいてくれたと感謝したくなった。

次の清水埠頭駅跡を過ぎると、廃線跡は巴川《ともえがわ》にさしかかる。この川には、かつて可動橋（列車が通るとき以外は船の運航の邪魔にならないよう中央部が上方に動く橋）が架かっていた。現在は橋台の跡が残っているだけだが、そのすぐ近くに、漁船とも貨物船とも違う白い船が見えた。近寄ってみると、船体に「おきつ」の文字。清水港を母港とする海上保安庁の巡視船だ。海に出ていないときは、ここに停泊しているという。

話を聞かせてもらった乗組員の方によれば、「おきつ」は昭和五十六年（一九八一年）に就役《しゅうえき》した約五〇〇トンの潜水指定船。潜水指定船とは、潜水士（映画などで有名になったあの〝海猿《うみざる》〟）の乗る船である。「てしお型」と呼ばれるスマートな船体は凜々《りり》しく、まさに海を守る白い女神という感じだ。

鉄道ファンは船も好きという人が多いが、私もその例に漏れない。残念ながら「おきつ」は今年の六月で引退するそうだが、港の廃線歩きならではの思わぬ出会いに胸がときめいた。

（二〇一一年一月取材）

【その後】　この取材の二か月後に東日本大震災が起こった。「おきつ」は引退直前まで行方不明者の捜索などに当たり、六月三日に清水港で解役式を迎えた。

名《めい》鉄《てつ》谷《たに》汲《ぐみ》線《せん》

岐阜県

［廃止区間］
黒野駅ー谷汲駅

［廃止時期］
平成13年（2001年）
10月１日

［路線距離］
11.2km

手もとに昭和十一年（一九三六年）に鉄道省が発行した『鐵道《てつどう》旅行案内』がある。布張りの贅沢《ぜいたく》な装幀《そうてい》で、国内のすべての鉄道路線が記され、観光名所も紹介されている。

谷汲鉄道（当時）の項には、名所として終点の谷汲駅近くの華厳寺《けごんじ》が取りあげられていて、「延暦《えんりゃく》十七年の創建、西国三十三ヶ所満願の霊場として常に参詣客が多い」とある。

延暦十七年は、西暦で言うと七九八年。平安時代の初期である。西国三十三か所札所《ふだしょ》巡りは、四国八十八か所よりも歴史が古いといわれ、三十三番目の満願の寺である華厳寺は、かつては巡礼の人々で賑《にぎ》わったという。

しかし、谷汲線の廃線跡をたどって行き着いた現在の華厳寺は人もまばら。梅雨《つゆ》どきの平日ということもあるだろうが、参道の店もほとんどが閉まっていた。

「谷汲線がなくなってから、年寄りが来られんようになったからねぇ」

現役時代のまま時間が止まったような谷汲駅。昭和３年（1928年）に製造されたモ755の車両が当時の停車位置にあり、いまにも動き出しそうだ

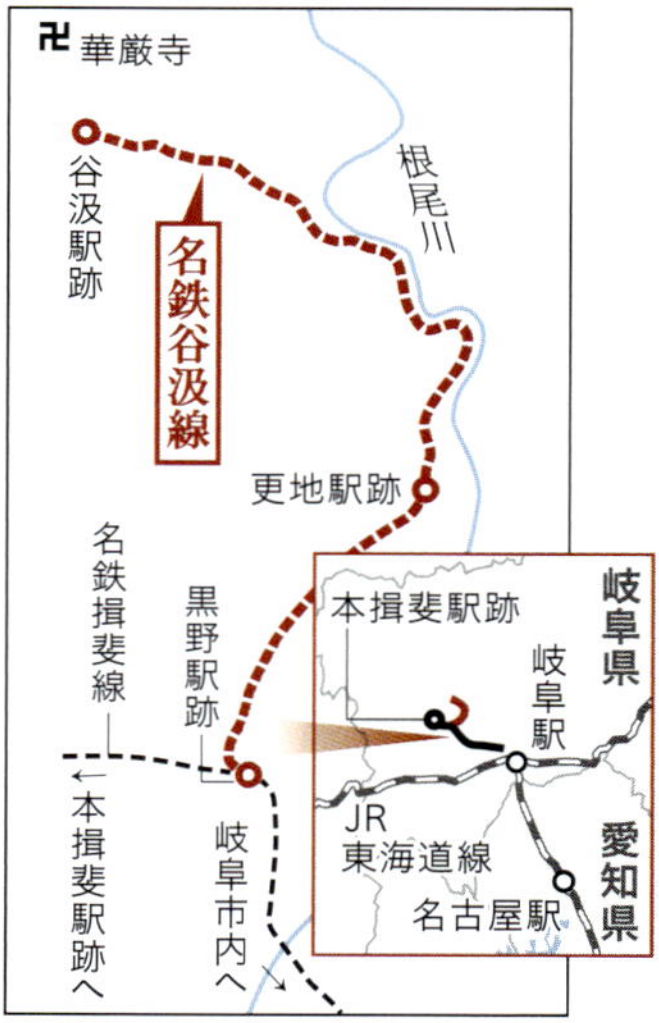

参道の手前にある駐車場の入り口に、パイプ椅子を出して座っていた料金係のおじさんが言った。

「うちの親父は八十五歳で亡くなるまで、毎月十八日の観音さまの縁日には、一人で谷汲線に乗って来とったけど、いまは車がないと来られん」

　大正十五年（一九二六年）に黒野《くろの》―谷汲間の一一・二キロが開通した谷汲鉄道は、昭和十九年（一九四四年）に名古屋鉄道と合併し、名鉄谷汲線となった。もともと華厳寺への参詣路線だったが、マイカーの普及で徐々に乗客を減らし、平成十三年（二〇〇一年）に廃止となった。

　始点だった黒野駅にはホームやレール、待合室などが残っているが、道床《どうしょう》には丈の高い夏草が生い茂り、ホームのコンクリートの割れ目からも雑草が顔を出している。駅名標は、白いペンキの塗られた鉄製の枠だけが残されていた。

　黒野駅を出るとしばらく住宅地が続くが、途中の更地《さらち》駅跡あたりから山の中に入っていき、まもなく右手に根尾川《ねおがわ》が見えてくる。

終点の谷汲駅は、駅舎がほぼ完全な形で残っていた。待合室や改札口もそのままで、現役の駅かと見まがうほどだ。ずいぶんきれいな駅だと思ったら、平成八年（一九九六年）に建て替えられたのだという。そのわずか五年後に廃止になってしまったというわけだ。

改札を抜けると、あっと驚くサプライズがある。現役時代の車両がホームに停車しているのだ。真っ赤なモ755（昭和三年〔一九二八年〕製）と、赤白ツートンカラーのモ514（大正十五年〔一九二六年〕製）。鉄道ファンでなくても「かわいい！」と歓声をあげてしまいそうな、レトロで洒落たデザインだ。きちんと手入れがなされていて、車体はツヤツヤのピカピカ。構内にはレールも残されており、いまにもドアが開いて乗り込めそうだ。

華厳寺の参道入り口までは、ここから歩いて数分。参拝を済ませ、あらためて駅の周辺を探索してみた。すると駅の裏手に「谷汲しいたけ園」という看板を発見。「しいたけのおにぎり100円」という貼り紙にひかれて中に入り、レジ近くの柱をふと見ると、「赤白電車の雑貨あります」という小さな貼り紙が。さっき駅で見た二台の電車が描かれた鉛筆のセットとシールがひっそり売られていた。

「寂しくなったねぇ、谷汲線がなくなって」

しいたけ園のお母さんがしみじみ言うのを聞いて、降り出した雨の中、もう一度駅を見に行く。ホームのベンチに座って、まだ温かいおにぎりを食べた。

（二〇一一年六月取材）

名《めい》鉄《てつ》美《み》濃《の》町《まち》線《せん》

岐阜県

［廃止区間］
徹明町駅—美濃駅

［廃止時期］
平成17年（2005年）
4月1日

［路線距離］
24.9km

先頭車両の運転席のすぐ横に陣取って、左右に流れていく景色を楽しんでいたら、レールを小動物が横切った。リスにしては大きく、犬にしては小さい。次の駅で停車したとき、運転士さんが「たぶんイタチです」と教えてくれた。さっき思わず「あっ！」と声をあげたのが聞こえていたのだろう。ワンマンカーなので、運転士さんと乗客の距離がとても近い。

私が乗っていたのは長良川《ながらがわ》鉄道である。今回の廃線は名鉄美濃町線で、美濃駅跡から新関《しんせき》駅跡まで歩くのが目的。その美濃駅跡にもっとも近い現役の駅が、長良川鉄道の美濃市駅なのだ。

清流・長良川のほとりを走る長良川鉄道は、全国から鉄道ファンがやってくる人気のローカル線。私も一度は乗ってみたいと思っていた。そこで、取材の前日に美濃太田《みのおおた》駅から北濃《ほくのう》駅まで全線に乗車してみた。車窓風景は、山あり川あり田園あり。沿線には桜の木が多く、

美濃駅跡に保存されている車両。手前が大正15年（1926年）製造の「モ512号」。戸袋の窓が丸いため「丸窓電車」の愛称もあった

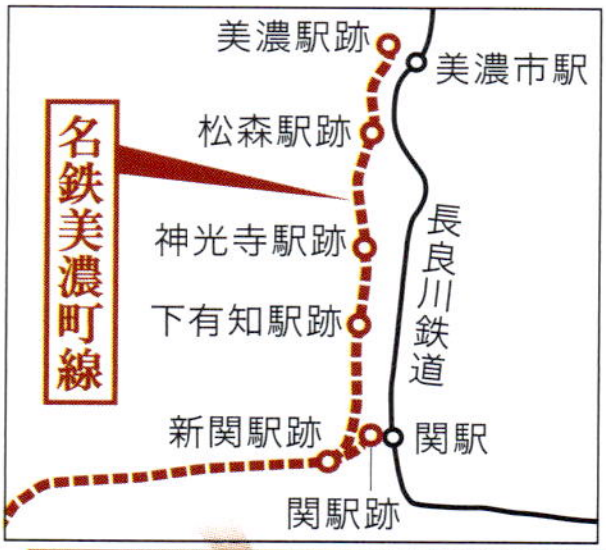

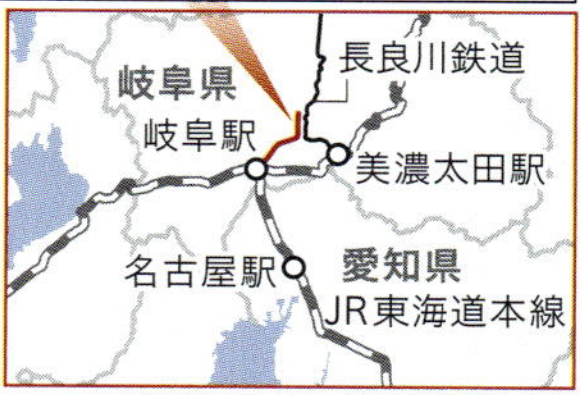

枝垂《しだ》れ桜の花びらが舞う中を、二両編成の車両がゆっくり走る。いかにも日本の春といった感じののどかさだ。

郡上八幡《ぐじょうはちまん》駅で途中下車して立ち寄った喫茶店のご主人が、前年、貸し切り車両で「鉄コン」が開催されたことを教えてくれた。昨今流行《はや》りの婚活イベント「街コン」の鉄道版である。あと十歳、いや二十歳若かったら参加してみたかった。

実はこの長良川鉄道、廃線の危機に瀕《ひん》したことがある。もともとは国鉄の越美南《えつみなん》線だったが、赤字が続き、昭和五十九年（一九八四年）に国会で廃止が承認された。しかし存続を望む住民の声が強く、第三セクターとして再出発したのだ。廃線めぐりの旅を愛する私だが、当然ながらどの鉄道も廃止されないのが一番いい。新しい高速自動車道の開通などで、長良川鉄道の利用者は減っているというが、何とか頑張ってほしいものだ。

*

名鉄美濃町線は明治四十四年（一九一一年）、美濃電気軌道として、神田町《かんだまち》（のちの岐阜柳《ぎふやな》ケ瀬《がせ》）―上有知《こうずち》（のちに美濃町→新美濃町→美濃と改称）の約二五キロがまず開通した。所要時間は約一時間半で、当時は岐阜市内と中濃地域を短時間で結ぶ画期的な路線だった。しかし車社会に押されて乗客が減り、平成十一年（一九九九年）に新関―美濃間が、十七年（二〇〇五年）にはその他の区間も廃止された。

廃線歩きの当日は晴天。長良川鉄道の美濃市駅で降り、五分ほど歩くと美濃駅の跡に出る。駅舎とホームが保存され、レールの上には四台の車両が〝停車〟していた。中でも目を引くのは大正十五年（一九二六年）製造の「モ512号」で、車両の前面がカーブを描くクラシックなフォルムが特徴だ。赤白のツートンカラーもモダンで、思わず見惚《みほ》れてしまった。

次の松森《まつもり》駅跡には、ホームと枕木が残っていた。レールは撤去されているが、周囲はきれいに整備され、住民が駅跡を大事にしていることが伝わってくる。白く風化した枕木が整列しているさまには、独特の美しさがある。

次の神光寺《じんこうじ》駅跡にはホームが残っていたが、続く下有知《しもうち》と関《せき》には駅の痕跡はない。新関駅跡には駅舎と二面のホームが往時の姿をとどめていた。

新関駅跡のある関市は刃物で有名な町。駅前で客待ちをしていたタクシーの運転手さんによれば、かつては美濃町線に乗って柳ヶ瀬の繁華街に飲みに行く職人さんや商店主が大勢いたそうだ。ほろ酔い加減で終電車で帰ってくる人を、よく乗せたものだと、懐かしそうに話してくれた。

（二〇一三年四月取材）

名《めい》鉄《てつ》三《み》河《かわ》線《せん》

（猿投—西中金）

愛知県

［廃止区間］

猿投駅—西中金駅

［廃止時期］

平成16年（2004年）
4月1日

［路線距離］

8.6km

持っていたカメラを自分の足もとに向け、シャッターを切った。線路の上を歩いている証拠を残したくなったのだ。名鉄三河線の山線と呼ばれる区間のうち、廃線になった猿投《さなげ》—西《にし》中金《なかがね》間は、そのほとんどがレールだけでなく枕木も残っている。ほぼ完全なままの線路の上を歩く経験は、胸がはずむと同時に、少し緊張する。

列車が来ることはないとわかっていても、つい何度も後ろを振り返って確かめてしまう。子供の頃、絶対に線路に立ち入ってはいけないと言われた記憶が染みついているのだろう。ちょ

きれいに雑草が刈られ、いまにも列車が入ってきそうな三河広瀬駅のホーム

っとした冒険をしているような気分である。

名鉄三河線の猿投―西中金間が廃止されたのは平成十六年(二〇〇四年)。架線柱や勾配標などが残っている区間もあって〝新しい廃線〟ならではの楽しさがある。線路に敷かれたバラストもそのままになっているため少々歩きにくいが、他所《よそ》ではなかなかできない経験だ。途中、矢作川《やはぎがわ》にかかる鉄橋も、往時のままの姿で残っていた。

廃線としては新しいが、開通は猿投―三河広瀬《みかわひろせ》間が昭和二年(一九二七年)、三河広瀬―西中金間がその翌年と、歴史は長い。

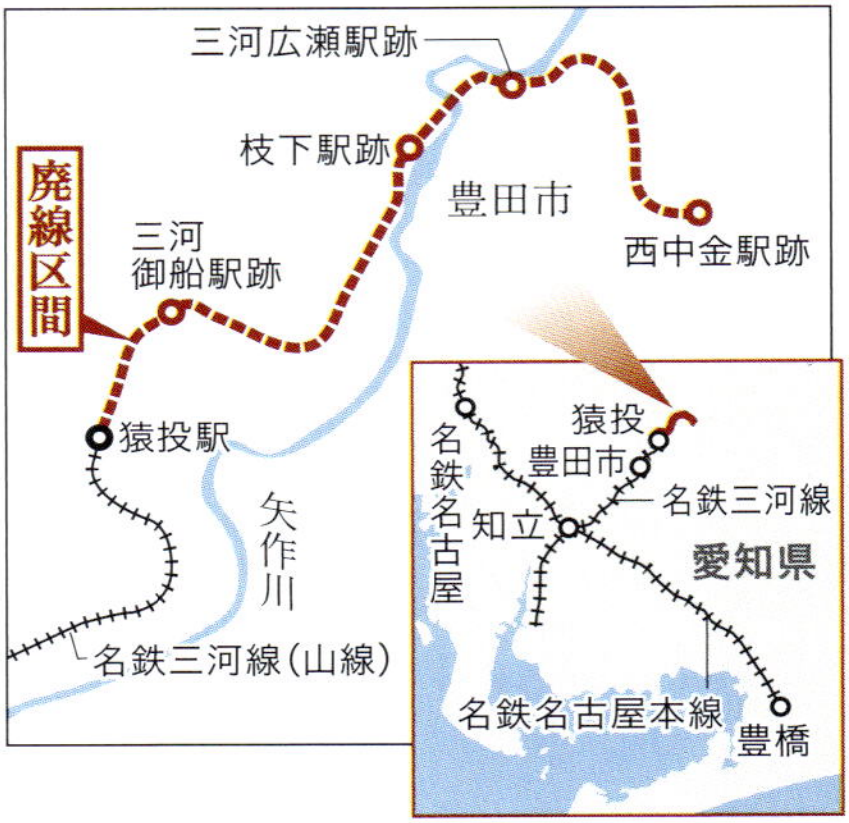

枝下《しだれ》駅跡の近くで犬を散歩させていた六十代の男性は、「私らが子供の頃は列車の内装はすべて木だったんですよ」と懐かしんだ。

「貨物列車も走っていました」と教えてくれたのは、三河広瀬駅跡の向かいにある昭和五年（一九三〇年）開業の旅館「広瀬屋」の梅村洋子さんだ。

「このあたりはケイ砂の産地で、この駅から積み込んでいたんです」

ケイ砂はガラスの原料となる鉱物で、梅村さんたちはガラス粉《こ》と呼んでいたそうだ。

この三河広瀬駅は木造駅舎が保存され、近隣に住む人たちがボランティアで手入れをしている。休日には地元産の野菜の直販や、線路の上を走るレールバイクで遊ぶイベントなども行われているという。

ホームに出てみると、駅名標もレールも現役のままで、雑草もきれいに抜かれている。二度と列車が発着することがないのがもったいなく思えるほどだ。

線路のすぐ脇を流れているのは矢作川の上流である。少し先には梁《やな》があり、鮎《あゆ》がとれるという清流だ。駅舎に戻り、ベンチに座っていた年配の男性に「きれいな川ですね」と言うと「伊勢湾《いせわん》台風のときは氾濫《はんらん》して、列車が停《と》まって大変だったよ」と教えてくれた。

しばらくして、自転車旅行をしているという青年が駅舎に入ってきた。地図を広げ、地元の人たちと話が弾む。廃止された駅ではあるが、いまもこのあたりの地域の中心になっていることがわかる。

「広瀬屋」の梅村さんによれば、廃線になってしばらくの間はさびれるにまかせた状態だったが、地元の人たちが駅舎のペンキを塗り直し、屋根も葺《ふ》き替えて整備したという。人が手をかければ、廃線の駅もこんなにあたたかい雰囲気になるのだ。

「休日には地元の女性たちが手作りのお菓子を売っていますよ」と梅村さん。

そういえば駅舎のホーム側の窓に「五平《ごへい》もち150円」という貼り紙があり、実を言うと気になっていたのだ。この日は日曜日ということもあって、すでにぜんぶ売り切れてしまったとのことだった。よほど残念そうに見えたのか、「また来ればいいじゃないの、ね」と、梅村さんに慰められてしまった。

（二〇一〇年八月取材）

名《めい》鉄《てつ》瀬《せ》戸《と》線《せん》旧《きゅう》線《せん》

中部

愛知県

［廃止区間］
堀川駅―土居下駅（旧線部分）

［廃止時期］
昭和51年（1976年）2月15日

［路線距離］
2.2km

秋分の日の名古屋城は、観光客で賑わっていた。天守閣の下を歩いていると、武者姿の男性に遭遇。なかなかのイケメンだ。「もしかすると……」と思ったら、先方から「拙者は加《か》藤清正《とうきよまさ》である」と名乗ってくれた。やっぱり！　いまや名古屋名物、武将の恰好《かっこう》をして城内を案内してくれる「おもてなし武将隊」のメンバーだ。

加藤清正は築城の名人で、ここ名古屋城の天守閣の石垣を手がけたという。武将隊の若者は、「この石垣は拙者が音頭を取って石を運ばせ……」などと説明しながら、観光客との写真撮影に応じていた。

廃線紀行にやってきて、なぜ名古屋城見物をしているのか。実は、明治四十四年（一

階段と跨線橋が残る大津町駅跡。線路があったお堀の底は草に覆われている

九一一年）に開通した名鉄瀬戸線（当時は瀬戸電気鉄道）が、当初はお城の外堀の中を走っていたのだ。

お堀の底に線路が敷かれていた鉄道といえば、長野県の上田交通真田《さなだ》傍陽《そえひ》線がある。あちらは上田城の二の丸堀を使っていた。昭和四十七年（一九七二年）に廃止になったが、ホームの跡が残り、お堀をまたぐ橋には碍子《がいし》（電線を支え、絶縁する器具）が取りつけられたままになっていた。さて、こちらはどうだろう。

＊

名古屋城を後にして南西方

向に歩き、かつて瀬戸線の起点だった堀川《ほりかわ》駅跡へ向かう。この駅があったのは、堀川と外堀通りが交差する景雲橋《けいうんばし》の近くだ。堀川は名古屋城築城の際、資材を運ぶのに使われた川だから、かの清正公もこのあたりを何度も行き来したことだろう。

駅跡は草に覆われていたが、ホームがあった場所が一段高くなっていた。ここからまっすぐ東方向に向かって、お堀の中を線路が走っていたのだ。現在は丈の高い雑草が生い茂り、立ち入り禁止になっているが、並行している外堀通りを歩けば、廃線跡の様子がよくわかる。

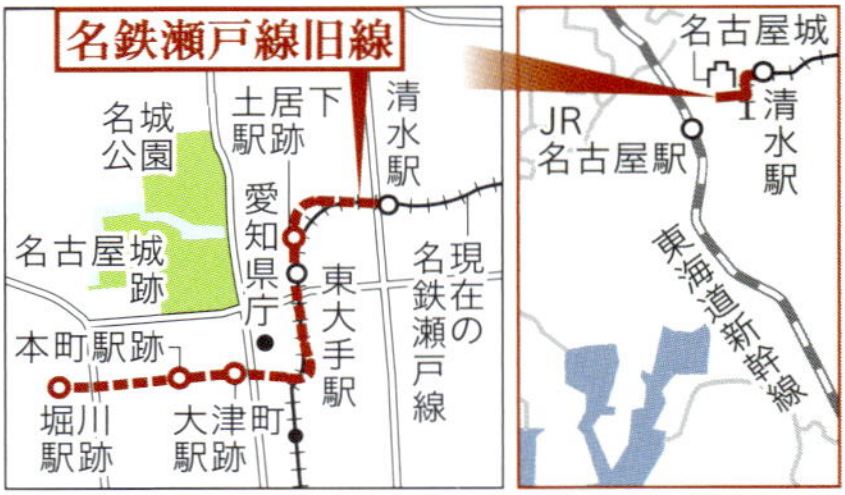

名鉄瀬戸線は現在、名古屋市の中心に近い繁華街にある栄町を起点に、焼き物で知られる尾張瀬戸までを結んでいるが、かつての起点は堀川駅だった。堀川駅から土居下《どいした》駅に至る部分が「お堀電車」と呼ばれた区間で、昭和五十一年（一九七六年）に廃止された。

堀川駅の次は本町《ほんまち》駅。駅跡は残っていないが、駅の近くにあった跨線橋《こせんきょう》の本町橋が残っている。片側はコンクリートで補強されているが、もう片側は明治時代の姿がそのまま残っていて、石積みの基部とアーチ部分のレンガが美しい。この橋をくぐる部分の線路は、複線を一時的に単線にする特殊な構造のポイント（ガントレットポイント）があったことで有名だ。

お堀の廃線跡を見下ろしながら外堀通りをさらに進むと、「名古屋城外堀のヒメボタル」という看板が立っていた。このあたりのお堀の中は、日本固有の陸生のホタルであるヒメボタルの生息地で、お堀を瀬戸線の電車が走っていた昭和五十年（一九七五年）には、すでに生息が確認されていたという。

歩き始めてからずっと、お堀の底がまったく見えないほどの雑草の勢いに圧倒されていたが、その草むらこそが、ホタルの大事な住処《すみか》だったのだ。

次の駅は大津町《おおつまち》駅。跨線橋である大津橋の手前に、駅のホームに降りる階段と手すりが残っていた。

この先でお堀は北に向かってほぼ直角に曲がっており、線路もそれに従ってカーブしていた。カーブ地点を見下ろす場所に立つと、大変な急カーブだったことが実感できる。

この先、土居下駅まで、線路はお堀の中をまっすぐに北上していた。土居下駅の跡も草に覆われていてわからなかったが、お堀端をぐるりと廻《まわ》る廃線散歩は、雑草の中に群生するヒガンバナも見ることができて大満足。ホタルの季節にもぜひまた来てみたいと思った。

（二〇一四年九月取材）

三《み》重《え》交《こう》通《つう》神《しん》都《と》線《せん》

近畿

三重県

［廃止区間］
ⓐ伊勢市駅前駅—内宮前駅
ⓑ古市口駅—二見駅
ⓒ中山駅—二軒茶屋駅

［廃止時期］
昭和36年（1961年）1月20日

［路線距離］
ⓐ6.7km　ⓑ6.6km　ⓒ0.6km

伊勢《いせ》市に着いた翌朝が金環日食だった（平成二十四年〔二〇一二年〕五月二十一日）。直前に太陽が厚い雲に隠れ、もうダメかと思ったら、みるみる雲が薄くなり、輝くリングが現れた。

その後、ホテルの朝食会場で一緒になった若い女性の二人組は、金環日食を伊勢神宮で経験するために大阪からやってきたそうだ。深い森に囲まれた内宮《ないくう》で見た光の輪は神秘的だったと興奮していた。

伊勢神宮は世界有数のパワースポットだから、ここで見たら必ずいいことがある、と彼女たち。ホテルの浴衣のまま部屋の窓から観察した私に

五十鈴川に架かっていた汐合川橋梁の橋脚。両足を踏ん張っているような力強い形で、よく見ると石積みの表面が曲面になっている。明治の職人の繊細な仕事だ

もご利益があるかはさておき、こちらはこちらで本来の目的を果たすために出発した。

今回の廃線は、明治三十六年（一九〇三年）開業の三重交通神都線。昔はこれに乗ってお伊勢さんに参拝したのだ。いわゆるチンチン電車で、三重県で初、全国では七番目の電気鉄道だった。昭和三十四年（一九五九年）の伊勢湾台風で大きな被害を受け、参拝客の足が自動車に移ったこともあって、昭和三十六年（一九六一年）に廃止となった。

神都線は、伊勢市駅前から伊勢神宮の内宮に向かう内宮

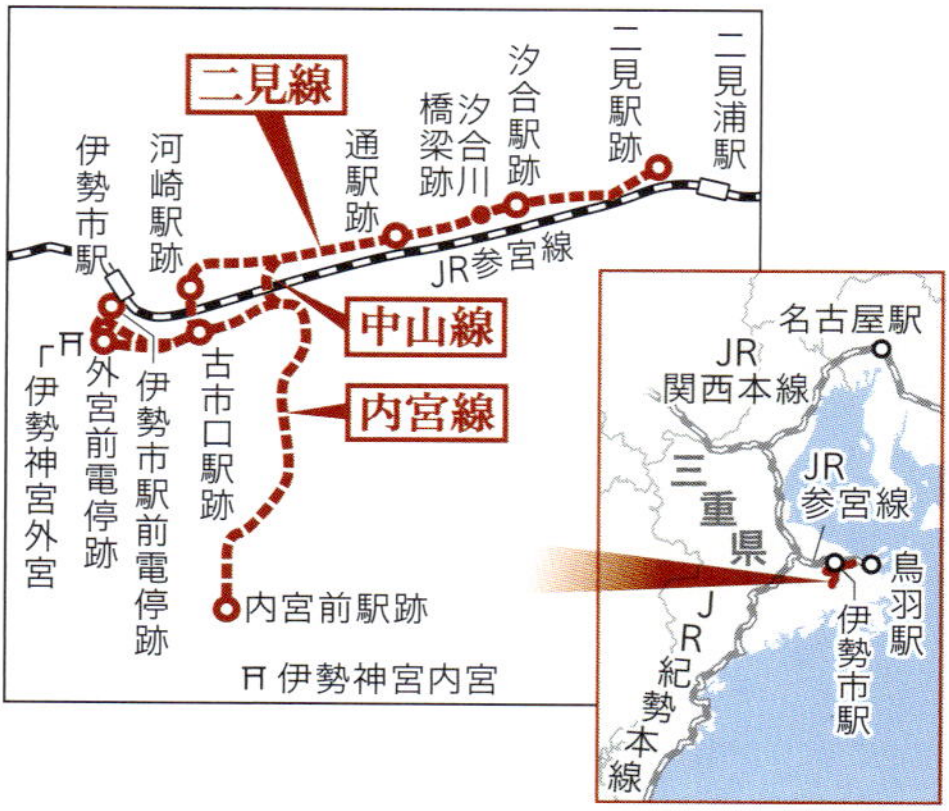

線、二見《ふたみ》に向かう二見線、この二線をつなぐ中山《なかやま》線の三線に分かれ、計一三・九キロの路線だった。このうち、遺構の多く残る二見線を歩いた。

伊勢市駅前から出発し、古市口《ふるいちぐち》までは内宮線の跡をゆく。伊勢市駅前—外宮前《げくうまえ》間は、伊勢神宮の外宮への参道に当たる。昭和三十年代の写真を見ると、クリーム色と緑色のツートンカラーのクラシックな路面電車が、旅館や土産物屋《みやげものや》の軒先をかすめるようにして走っている。

二見線の廃線跡は、ほぼ全線が道路になっている。古市口—河崎《かわさき》間でＪＲ（当時は国鉄）参宮《さんぐう》線をアンダークロスするが、前後の道路は二車線なのに、参宮線をくぐる部分だけが一車線と狭くなっている。ここを走る電車が単線だった名残《なごり》だ。

アンダークロス部分の石積みの橋台は昔のまま残っている。近所の人の話では、ここだけ道幅が狭くて不便だそうだが、できることならこのまま残しておいてほしい。

通《とおり》—汐合《しおあい》間で、電車は五十鈴川《いすずがわ》を渡っていた。三四・八メートルの立派な四連トラス橋の写真が残っている。現在見られるのは橋脚のみだが、実に堂々として風格がある。石積みの角を丸くして優美な姿に仕上げてあり、明治人の仕事の美しさにほれぼれしてしまう。

終点の二見は、夫婦岩で知られる観光地。昔は伊勢神宮を参拝する前に、二見浦《ふたみがうら》の海水で身を清めたのだという。海辺にある二見興玉《ふたみおきたま》神社を拝んだ後、伊勢神宮の内宮へ。内宮線にはほとんど遺構は残っていないので、タクシーで向かった。着いてみると大変な賑《にぎ》わいで、正殿《しょうでん》の前には長い列ができていた。手を合わせている時間が皆とても長いのは、不安な時代ゆえだろうか。

参拝後は、昔の参道である「おはらい町」を散策。小さな鳥が飛びかっていると思ったら燕《つばめ》だった。あちこちの食事処や土産物屋のひさしに巣を作っているのだ。縁起がいいといわれる燕の巣がこんなに多い町は初めてだ。やはりお伊勢さんパワーなのだろうか。

帰りの列車の中で「おはらい町」で買った赤福《あかふく》を食べようとしたら、包み紙に俳句が書かれていた。

「この家に福あり燕巣をつくる　誓子」

伊勢をたびたび訪れていたという山口誓子《やまぐちせいし》。この句も伊勢で詠まれたものらしい。神都線に乗ったこともあったのではないだろうか。

（二〇一二年五月取材）

国鉄《こくてつ》中舞鶴線《なかまいづるせん》

京都府

［廃止区間］
東舞鶴駅－中舞鶴駅

［廃止時期］
昭和47年（1972年）
11月1日

［路線距離］
3.4km

東舞鶴駅の観光案内所に「肉じゃがマップ」が置いてあった。舞鶴には和洋を問わず肉じゃがを供する店が多い。肉じゃがの誕生については諸説あるが、舞鶴の海軍鎮守府の初代司令長官として赴任してきた東郷《とうごう》平八郎《へいはちろう》が、イギリスで食べたビーフシチューに似せて作らせたという説がここには伝わっている。

鎮守府が開庁し、日本海側で最初の軍港が設置された明治三十四年（一九〇一年）以来、舞鶴は海軍の町として発展してきた。今回廃線跡を歩いた東舞鶴（当初の駅名は新舞鶴）―中舞鶴間も、もともとは日露戦争が始まった明治三十七年（一九〇四年）に軍用引込線として設けられた支線で、大正八年（一九一九年）から旅客営業が始まり、中舞鶴線と呼ばれるようになった。全長は三・四キロである。

戦後は軍需品の輸送がなくなり、やがて道路も整備されたため役割を終え、昭和四十七年

引込線のレールが復元された赤レンガ倉庫。どの倉庫も大切に保存され、博物館や記念館として使われているものもある

（一九七二年）に廃止されている。

冬晴れの青空の下、東舞鶴駅から歩き出した。駅付近には中舞鶴線の遺構はないが、少し行くと線路跡が自転車と歩行者の専用道路となっている。レールは撤去されているものの、苔《こけ》むした擁壁が残っていて、なかなか風情がある。

一〇分ほど歩くとクラシックなレンガのトンネルが見えてきた。明治三十七年竣工《しゅんこう》の北吸《きたすい》トンネルである。レンガの赤、苔の緑、そしてところどころに残る蒸気機関車の煤《すす》の黒——。明治時代に造られたトンネルに出会うたびに、歳月を経た美しさにはっとさせられる。特にこのトンネルは、坑口のアーチ部分の組み方が繊細で、いくら見ていても見飽きない。

トンネルを出ようとして、雨が降っていることに気がついた。トンネルの全長は一〇〇メートルちょっとで、中にいたのは五、六分なのに、あっという間に天気が変わってしまった。朝、ホテルのフロントの男性が「舞鶴の子供は〝弁当を忘れても傘を忘れるな〟と言われて育つんですよ」と言っていたが、徒歩の人も自転車の人も、カバンや前カゴから傘を取り出してさしている。さすがと感心してしまった。

雨が小やみになるのを待ってトンネルを出た。少し先が北吸駅の跡だが、いまは何も残っていない。さらに歩くと、軍需品の保管に使われていた倉庫群が見えてきた。これらの建物も赤レンガ造りで、堅牢《けんろう》かつ優美な姿に、明治人の技術とセンスがしのばれる。かつてはそれぞれの倉庫の中までレールが引き込まれており、その跡が現在でも残っている。

このあたりから線路跡は国道に吸収される。右手に港が迫り、停泊している海上自衛隊の艦船が見えてくると、そろそろ終点だ。中舞鶴駅の跡は小さな広場になっていて、C58蒸気機関車が展示されていた。

旅の最後に引揚《ひきあげ》記念館を訪ねた。舞鶴は戦後、大陸からの引揚港となり、昭和二十年（一九四五年）から三三年（一九五八年）までに六六万人を受け入れた。ソ連に抑留されていた故・三波春夫《みなみはるお》さんもその一人で、入港のときの心情を詠んだ句が館内に掲げられている。

「敗れても故郷《くに》はここぞと旗の波」

引揚船が着くたびに舞鶴の人たちは港に出て歓迎したという。市民の親身な世話を受けた引揚者は、東舞鶴駅から列車に乗り、それぞれの故郷へと帰って行った。

館内に、駅のホームでお茶をふるまう女性の写真が展示されていた。きっと、軍港の駅ならではのさまざまなドラマが展開されたことだろう。

（二〇一一年十二月取材）

蹴《け》上《あげ》インクライン

京都府

［廃止区間］
蹴上船溜―南禅寺船溜

［廃止時期］
昭和23年（1948年）11月

［路線距離］
0.6km

　小雪がちらつく寒い朝、京都・蹴上インクラインの廃線跡を歩いていたら、一〇人ほどの若い男女のグループと行き合った。みな手にカメラを持っている。さては同好の士かと思って声をかけると、鉄道ファンではなく、大学の写真サークルのメンバーだという。ここは京都の町中の廃線ながらレールが残っていて、確かに絵になる景色だ。

　蹴上インクラインは、琵琶湖疏水《そすい》（琵琶湖の水を京都市内に引くための水路）の途中、水位差が大きく船が運航できない区間に敷設された、船を運ぶための鉄道である。蹴上船溜《ふなだまり》と南禅寺船溜の間の約五八二メートル（水位差は約三六メートル）を結んでいた。一般の鉄道より軌間（二本のレールの間隔）が広いが、それは車両ではなく船を載せた台車が走っていたからだ。

　明治二十三年（一八九〇年）に竣工した琵琶湖疏水は、京都市内に生活用水や工業用水を

蹴上船溜の北側にかかる大神宮橋から見たインクライン。レールの上に三十石船を載せた台座が復元されている

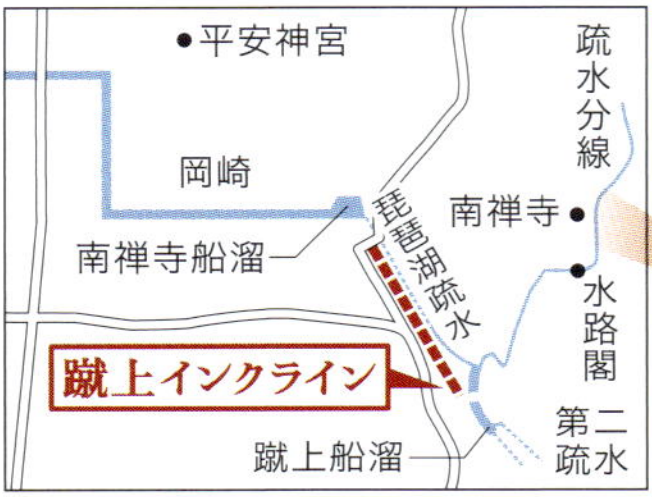

供給しただけではなく、水力発電や水運にも利用された。蹴上インクラインの運転開始は明治二十四年（一八九一年）で、もっとも水運が盛んだった大正時代には、一五〇隻《せき》の船が滋賀県の大津と京都市の間を行き来していたという。鉄道などの交通機関の発達によってインクラインは昭和二十三年（一九四八年）に運転を停止したが、琵琶湖疏水は現役で京都の町に水を送り続けている。

＊

人が乗り降りしていたわけではないので、インクラインに駅はない。蹴上船溜から歩き始めることにした。ここは、滋賀県側からトンネルを経由してきた疏水が京都盆地に顔を出す場所だ。船溜の北側にかかる大神宮橋に立って見下ろすと、二つのトンネルの出口が見える。そのかたわらに、赤レンガを使った美術館のようなクラシックな洋館が建っているが、何とこれはポンプ室で、宮内省（当時）が御所の防火用水のために建設したものだという。

こうした産業遺産に出会えるのも、廃線歩きの楽しみのひとつだ。給水塔や倉庫、発電所など、鉄道と関係のある産業遺産はいろいろあるが、明治期のものは特に美しく、出会うたびに得をした気分になる。

橋の上から反対側を見ると、インクラインのレールが始まっているのがわかる。レール上には、かつて琵琶湖疏水を上下していた輸送船（三十石船）と台車が復元されている。

レールの上を南禅寺船溜に向かって歩く。軌間が広い上に複線なので道床《どうしょう》が広々としていて、普通の廃線にはないスケール感がある。もうすぐ南禅寺船溜に着くというあたりで出会ったのが、例の写真サークルの学生たちで、「ここ、桜の季節はすごくきれいですよ」と教えてくれた。線路に覆いかぶさるように枝を伸ばしているのは桜の木だという。

歩き始めて三〇分ほどで南禅寺船溜に着いた。琵琶湖疏水の幹川《かんせん》は、ここから岡崎《おかざき》を通って鴨川《かもがわ》に接続する。一方、ここより手前、蹴上船溜を出たところで枝分かれした分線は、南《なん》禅《ぜん》寺《じ》境内の水路閣を通って哲学の道の脇を北上する。

一〇分ほど歩いて南禅寺まで行ってみた。レンガのアーチが美しい水路閣は、水を通すための水道橋だ。裏手の坂を登って橋を見下ろす場所に出ると、橋の上に造られた水路を勢いよく水が流れていた。

船を運ぶための鉄道も、洋館のようなポンプ室も、橋の上の水路も、はるばる琵琶湖から引いてきた水を最大限に生かそうとした明治人の技術の結晶である。それが他に類のない美しい景観となって残っているのを見て嬉しく思った。


（二〇一三年一月取材）

江《こう》若《じゃく》鉄《てつ》道《どう》

滋賀県

［廃止区間］
浜大津駅―近江今津駅

［廃止時期］
昭和44年（1969年）11月1日

［路線距離］
51.0km

うだるような暑さの中、京都駅からＪＲ琵琶湖《びわこ》線（東海道本線）に乗った。山科《やましな》駅で京阪京津《けいしん》線に乗り換え、浜大津《はまおおつ》駅で降りる。昭和四十四年（一九六九年）に廃止された江若鉄道は、ここから琵琶湖の西岸に沿って北上していた。

駅前にあるのが、明治二年（一八六九年）創業の「三井寺力餅《みいでらちからもち》本家」。廃線跡をたどる前に、まずはこの店ののれんをくぐった。奥の喫茶スペースで力餅とお茶をいただく。

実は、以前仕事で大津市に来たときも、私はこの店で力餅を食している。蜜と青大豆《あおだいず》のきな粉がかかったやわらかい餅は絶品で、お土産にしようとレジで並んでいるとき、壁に掛けられたセピア色の鉄道写

京都市内に水を引く水路である琵琶湖疏水に架けられた橋。どっしりしたレンガの橋台は当時のままだ

真が目に入った。説明書きに江若鉄道とある。初めてこの鉄道のことを知った私は、「次はこの廃線跡を歩こう」と決めたのだった。

江若鉄道は、大正十年（一九二一年）にまず三井寺（後の三井寺下）―叡山《えいざん》間の六キロが開通。その後延伸して、昭和六年（一九三一年）に、浜大津―近江今津《おうみいまづ》の全線五一キロが開通した（昭和二十二年〔一九四七年〕には浜大津―膳所《ぜぜ》間が開通したが、全線廃止より四年早い昭和四十年〔一九六五年〕に廃止されている）。

当初はその名の通り、福井

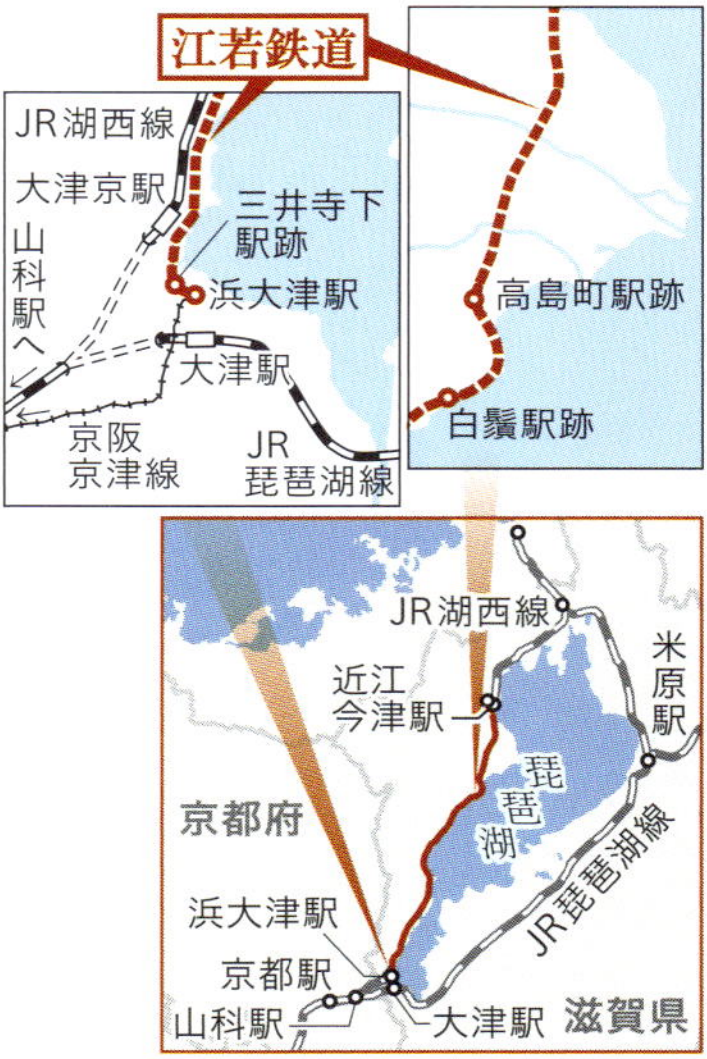

県の若狭《わかさ》までを結ぶ計画だったが、自動車の普及などで次第に乗客が減り、さらに国鉄湖西《こせい》線の建設が決定したことで廃止に至った。

＊

腹ごしらえを終え、かつての始発駅だった浜大津から歩き出す。江若鉄道の浜大津駅は、現在の京阪浜大津駅の東側にあった。いまはバスターミナルやビルになっていて、駅の痕跡は残っていない。

浜大津から三井寺下までの線路跡は、遊歩道「大津絵の道」として整備されている。しばらく歩くと、レンガ造りのきれいな橋があった。琵琶湖疏水をまたぐ橋で、すぐ右手に琵琶湖からの取水口がある。

以前、疏水の途中に敷設された、船を運ぶ鉄道である蹴上《けあげ》インクライン（京都市）の廃線跡を歩いた（一一四頁）が、いまも現役で京都の町に水を送り続けている疏水の、ここが始まりなのだ。

現在は大津絵橋と呼ばれているこの橋の橋台は、江若鉄道時代のものだ。どっしりしたレンガがいい感じに古びている。橋を渡った先に八百屋《やおや》があり、ご主人に聞くと、明治時代からここで商いをしていたという。

「江若鉄道はうちの目の前を走ってました。単線のディーゼルカーでね。すぐこの先が三井寺下駅の構内でした」

昭和十三年（一九三八年）生まれだというご主人は、子供の頃、夏になると江若鉄道に乗って真野《まの》や近江舞子《おうみまいこ》に泳ぎに行っていたそうだ。

遊歩道は三井寺下駅があったあたりで終わっている。この先はあまり遺構は残っていないので、ＪＲの大津京《おおつきょう》駅まで行き、かつての江若鉄道とほぼ同じルートを走る湖西線に乗ってみることにした。

下車したのは、白鬚《しらひげ》駅があった場所に近い近江高島《おうみたかしま》駅。八百屋のご主人によれば、白鬚駅のあたりでは、車窓から湖の中に立つ白鬚神社の鳥居が見えたそうだ。

廃線跡だという湖岸沿いの道を歩いていくと、その鳥居が見えてきた。広島の厳島《いつくしま》神社と同じように、赤い鳥居が水面から力強く立ち上がっている。

背後には琵琶湖一大きい島である沖島《おきしま》。まさに絶景だ。江若鉄道の車窓から眺めてみたかった。

（二〇一三年八月取材）

ＪＲ大阪臨港線《おおさかりんこうせん》

大阪府

［廃止区間］
境川信号場―大阪港駅

［廃止時期］
平成18年（2006年）
4月1日

［路線距離］
5.7km

港に近い廃線歩きの楽しさは、少しずつ海が近づいてくる気配を感じられるところにある。漁港なら、潮の匂いで「もうすぐ港だな」とわかるところだが、巨大な倉庫が並び、いくつもの埠頭《ふとう》が海に突き出す大阪港のような港では、突然大きく開ける川の景色と、縦横にはりめぐらされた運河が、海が近いことを教えてくれる。

今回訪れた大阪臨港線は、国際貿易港である大阪港で積み下ろしされる貨物を運ぶために引かれた路線である。廃線跡が川や運河を渡るたびに、住宅地から倉庫街、そして港へと風景が移り変わっていく面白さがある。

大阪臨港線はもともと、関西本線の今宮《いまみや》駅と大阪港を結ぶ貨物支線として、昭和三年（一九二八年）に開業した。戦後に大阪環状線ができると、大正《たいしょう》駅と弁天町《べんてんちょう》駅の間に境川《さかいがわ》信号場が設けられ、そこから分岐するようになる。

昭和３年（1928年）に完成した杉村運河橋梁がいまも残る。複線化できる構造になっていたが、単線のまま役割を終えた。奥に可動式の水門が見える

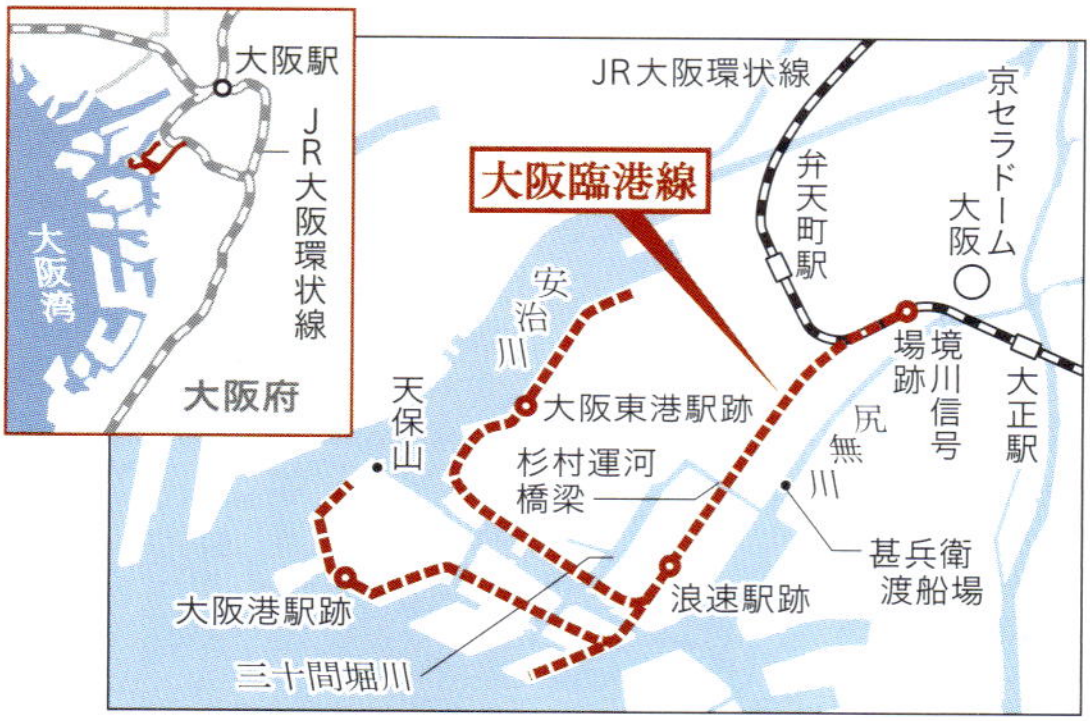

昭和三十一年（一九五六年）には、途中駅の浪速《なにわ》から大阪東港までが大阪東港線として開業。しかし、商業港としての中心が大阪南港に移ったことや、トラック輸送への切り換えが進んだことなどから部分的に廃止となり、最後に残った境川信号場—浪速間が平成十八年（二〇〇六年）に廃止されたことで、七八年の歴史を閉じた。

＊

境川信号場跡から大阪港駅跡までの五・七キロを歩いてみた。

大阪環状線の大正駅で降り、線路に沿って弁天町方向に進むと、かつて境川信号場があった場所に出る。周囲は住宅地で、小さいがアーケード商店街もある。信号場の痕跡は見られないが、分岐してすぐのところに、生活道路をまたいでいた架道橋の橋台が残っていた。このあたりはレールも敷かれたままだ。

線路の敷地内は立入禁止になっていたので、近くの道路を歩くことにした。大阪臨港線はいくつもの箇所で道路や運河と交差していたので、それらのポイントに立てば、線路の跡を見通すことができる。

しばらく歩くと、尻無川《しりなしがわ》と三十間堀川《さんじっけんほりかわ》をつなぐ運河に出た。ここには杉村《すぎむら》運河橋梁《きょうりょう》が、現役時代そのままの姿で残っている。昭和三年に架けられたプレート・ガーダー橋だ。

並行して架かる道路橋の上に立って運河を眺めると、杉村運河橋梁の向こうに可動式の水門が見える。このあたりまで来ると周囲は倉庫街で、視界に入る水の面積が広い。ひっきりなしにトラックが通るが、人の姿はほとんどなく、不思議にしんとした風景だ。

浪速駅の跡は運送会社の建物が建ち、かつての面影はない。ここから終点の大阪港駅跡に至るまでの間に、運河を三回越えることになる。うち二つの運河では、橋台が残っているのを確認することができた。

帰りは大正駅まで車で戻ったが、途中でぜひ寄りたいところがあった。杉村運河橋梁の近くに、尻無川の渡し船があるという情報を、大阪在住のテツ友から聞いていたのだ。

尻無川沿いの道を行くと、「甚兵衛《じんべえ》渡船場」の看板を発見。しばらく待っていたら小ぶりの船がやってきた。定員四六人、四・九トンの「すずかぜ」だ。近隣の住民の足になっているようで、自転車の高校生や主婦が多い。大阪市営で料金は無料である。

向こう岸との距離は九四メートル。乗ったと思ったらすぐに着いてしまったが、涼しい夕風に吹かれて川から眺める港の景色は格別だった。

（二〇一二年七月取材）

姫《ひめ》路《じ》市《し》営《えい》モノレール

兵庫県

［廃止区間］
姫路駅―手柄山駅

［廃止時期］
昭和54年（1979年）
1月26日

［路線距離］
1.6km

姫路市を訪ねるのは初めてだった。「白鷺城《しらさぎ》」の別名がある世界文化遺産の姫路城は修復工事中で、その美しい天守閣を見ることはできなかったが、正直に言えば、それほど残念ではなかった。この街には廃線マニアにとって一見の価値がある、もうひとつの「遺産」が存在するのである。昭和四十一年（一九六六年）から四十九年（一九七四年）まで運行していた姫路市営モノレールの遺構がそれだ。

このモノレールは昭和四十一年の姫路博覧会に合わせて開業し、姫路駅から博覧会会場の手柄山《てがらやま》までを結んだ。当時、モノレールは次世代の都市交通機関として注目されていたが、姫路市営モノレールの場合は、全長が一・六キロと短かったことや、通勤や通学の足となり得ないルートを取ったことなどから、博覧会が終わった後は利用者が激減。わずか八年で運行を取りやめ、その後、昭和五十四年（一九七九年）に正式に廃止となった。

船場川のほとりに残る、途中で断ち切られた支柱とレール桁

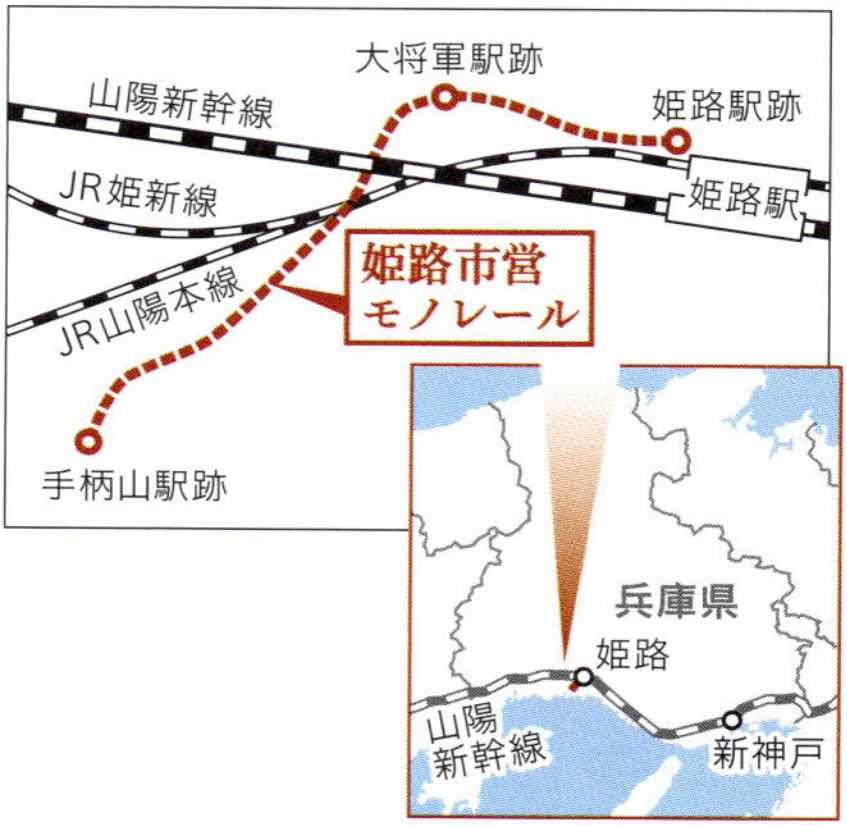

姫路市営モノレールがマニア心をくすぐるのは、モノレールの桁《けた》や支柱が撤去されないまま、街のところどころに残っているからだ。あちこちで出くわす黒々としたシルエットには、異界に踏み込んだような気持ちにさせる、異様な迫力がある。

姫路駅から廃線跡に沿って西方向に歩き出すと、ビルの間に突如として黒く煤けたコンクリートの支柱が姿を現した。かつては長く延びていたレールの桁が中空でちぎれたように途絶えている光景は不気味と言えば不気味だが、どこかシュールで一見の価値がある。

唯一の途中駅だった大将軍《だいしょうぐん》駅は、かつて一〇階建てのビルの三階・四階部分に駅施設が置かれていた。ビルの中をモノレールが突き抜ける構造になっており、当時としては未来都市のようなイメージだったに違いない。ビルはいまもあり、中をつらぬくレール桁も残っている。外から眺めていると、高度成長期に日本人が見た夢の残骸《ざんがい》のように思えてくる。すでに解体が決まっているそうだ。

大将軍駅を過ぎるとレールは左に折れ、船場川《せんばがわ》に沿って南西へ向かうルートを取る。川のほとりには、かなり長い距離にわたってレール桁が残っている部分があり、対岸にはレンガ造りの古い工場が岸に沿って建っている。赤いレンガの壁と、黒いレール桁が川をはさんで向かい合っている風景には独特の美しさがある。

多くの遺構が残っているのは撤去に莫大《ばくだい》な費用がかかるためで、やむを得ずこうなっているのだが、船場川べりで会った六十代の地元の女性は「もう見慣れているから、別に気にならないねえ」と言っていた。

この女性と立ち話をした場所のすぐ近くに、数本の支柱がそびえ立っていた。レール桁はやはり中空で途切れているが、蔓《つる》性の植物に覆われ、古代の遺跡か何かのように見える。

終点の手柄山駅は、水族館やスタジアムなどがある手柄山公園の敷地内にあった。お城のようなデザインの建物の中にホームがある観光駅で、長く閉鎖されてきたが、現在、隣接する水族館のリニューアルに合わせて改修工事が行われている。来春には駅ホームとかつての車両が公開される予定があるという。

（二〇一〇年九月取材）

【その後】　手柄山駅の改修は、この取材の翌年四月に完了し、手柄山交流ステーションとしてオープンした。水族館とホールのほか、ホームを利用したモノレール展示室があり、車両二両と部品、資料などが展示されている。

三《み》木《き》鉄《てつ》道《どう》

兵庫県

［廃止区間］
厄神駅―三木駅

［廃止時期］
平成20年（2008年）
4月1日

［路線距離］
6.6km

近畿

ＪＲ山陽《さんよう》本線の加古川《かこがわ》駅で降り、加古川線に乗り換えて約一〇分。「まもなく厄神《やくじん》に着きます」というアナウンスが流れると、少し緊張した。この車両はドアが自動で開かないので、降りる人はドア横の「開」のボタンを自分で押すようにというアナウンスが発車時にあったのだ。

ホームに入った車両が完全に停止すると「開」ボタンが赤く点灯し、押すと一秒ほどの間をおいてドアが開いた。ローカル線でときどき経験することだが、無事にドアが開くと毎回ホッとする。

この厄神駅には、使われなく

石野駅跡には大正時代からの木造駅舎が残る。レールは構内を出たところで途切れていた

なった発着線の跡が残っている。厄神―三木間の六・六キロをつないでいた三木鉄道のものだ。廃止されたのは平成二十年（二〇〇八年）である。レールは撤去され、バラストの間から雑草がまばらに顔を出していた。

三木鉄道の廃線跡は、厄神駅から真東に向かって進んでいる。レールは残っていないが、路盤はそのままになっているのでわかりやすい。住宅街をしばらく行き、切り通しを抜けて田園風景が広がる場所に出ると、ほぼ一直線に続く廃線跡が先の方まで見通せた。昔の地図とにらめっこしながら線路の痕跡を探す

苦労をしなくてすむのは新しい廃線ならではだが、現役時代の面影が残っており、まだ歴史になっていない分、寂しさが増す。

三木鉄道の歴史は古い。大正五年（一九一六年）に播州《ばんしゅう》鉄道の三木線として厄神—別所《べっしょ》間が開通し、翌年に三木まで延伸。三木の特産である金物などを運んだ。大正十二年（一九二三年）に播丹《ばんたん》鉄道に譲渡されたが、戦時中の昭和十八年（一九四三年）に軍事上重要な路線として国有化され、国鉄三木線となる。戦後は利用者が減り、昭和六十年（一九八五年）に第三セクターの三木鉄道として再出発した。しかし赤字は解消されず、廃止に至ったのだった。

三木鉄道の廃線跡を歩きたいと思ったのは、大正時代に建てられた駅舎が残っていると聞いたからだ。それも二か所あるという。

一か所目は石野《いしの》駅で、近づいていくにつれて、マッチ箱のような四角い木造の駅舎が見えてきた。田んぼが広がる中、まっすぐ延びた路盤の先に、黒くぽつんと立っている。駅の前後はレールが残してあり、いまにも列車がやってきそうだ。ホームにせり出した屋根を支える柱に手を触れると、木肌がほんのりあたたかかった。

もう一か所、大正時代からの駅舎が残る別所駅を目指して歩き出す。思ったより距離があり、バラストが足の下でじゃりじゃりして、だんだん疲れてきた。少しずるをして、廃線跡と並行して走る農道を歩いていると、七十代くらいの男性と行き合った。「別所駅はまだ先ですか」と尋ねると「あー、もうちょっとあるな」。私が持っていたカメラに目をとめ、「駅の写真撮るんか？　じゃあ記念碑も撮っていきな」と言う。「こんなに大きくて、すごく立派だから」と両手を広げて笑顔になった。

別所駅跡に着くと、巨大な屏風《びょうぶ》のような石造りの記念碑が建っていた。裏には田園風景を走る列車の絵が精巧に彫られている。自慢そうだったおじさんの顔を思い出し、きっとこの鉄道を愛していたのだろうと思った。この駅舎も木造で、風雨にさらされた外壁や柱に、何ともいえない風合いがあった。

終点の三木駅跡は鉄道公園として整備され、駅舎だった建物は「三木鉄道ふれあい館」になって、現役時代の写真などが展示されている。中で一人の男性がお茶を飲んでいた。国鉄時代から廃止のときまで三木鉄道で働いていたという。

「鉄道がなくなることは、町の活力がなくなることなんだよ」

静かな声でそう言った。


（二〇一四年三月取材）

関《かん》西《さい》鉄《てつ》道《どう》大《だい》仏《ぶつ》線《せん》

奈良県・京都府

［廃止区間］
加茂駅―奈良駅

［廃止時期］
明治40年（1907年）
11月1日

［路線距離］
9.9km

「大仏鉄道の地図ありますか」。三十歳くらいの男性が駅務室に声をかけると、駅員さんが心得た様子でA4判の地図らしき紙を手渡した。いきなり同好の士に出会って、ちょっと驚く。声をかけようかと思ったが、すたすたと早足で行ってしまった。

ここはJR関西本線の加茂《かも》駅。かつての関西鉄道大仏線（通称・大仏鉄道）の始点である。私はその大仏線の廃線跡をたどるため、ちょうどこの駅に降り立ったところだった。

もちろん私も地図をもらった。橋やトンネルなどの遺構の場所がわかりやすく記されている。廃線跡の地図が置いてある駅はめずらしい。しかも大仏線が廃止されたのは一〇〇年以上前の明治四十年（一九〇七年）なのだ。駅員さんによれば、地元のグループによる手作りで、週末になると、この地図を手に廃線跡をハイキングする人がけっこういるという。

大仏線は明治三十一年（一八九八年）に加茂―大仏間の約八・八キロが開通。翌年、奈良

町道の上にかかる「赤橋」。赤レンガと白御影石でできた橋台は高さが５メートルある。かつて機関車が走った橋の上は、現在は道路になっている

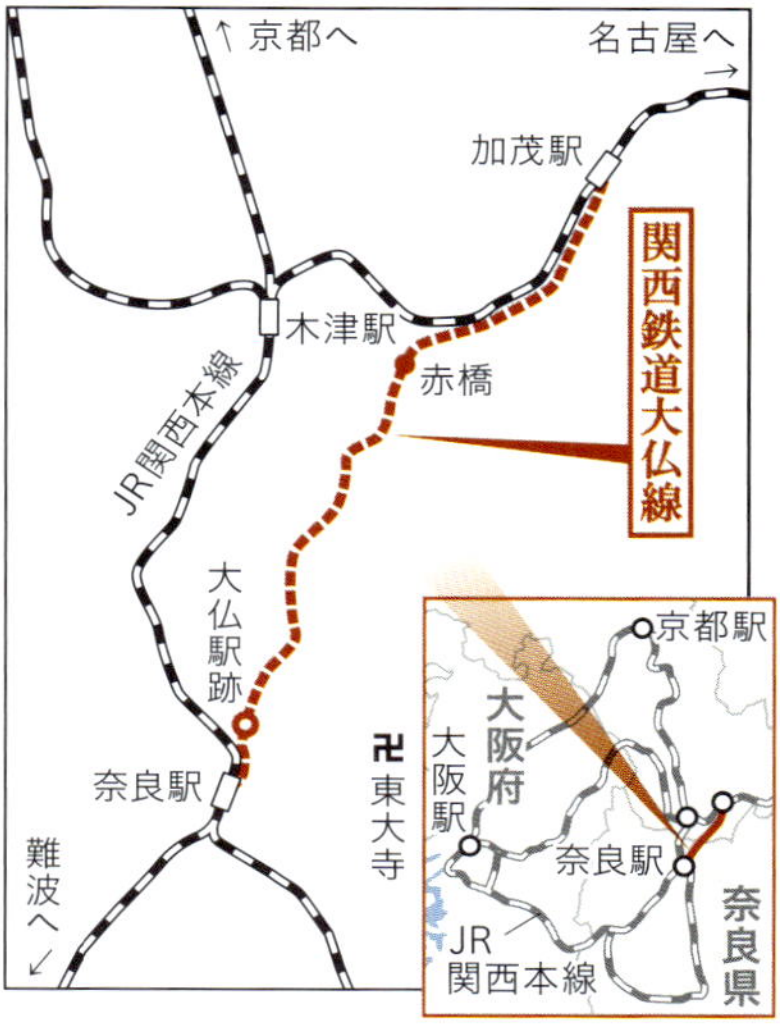

駅まで延長され、名古屋・伊勢《いせ》方面からの参詣客で賑わった。名古屋と大阪を結ぶ直通列車が大仏線を経由したこともあって乗客数をふやしたが、起伏がはげしく難所の多い路線だったため、加茂—木《き》津《づ》間に平坦《へいたん》な路線が開通すると、大阪へ直通する列車はそちらを通るようになる。

結局、路線の統廃合によって九年という短命で終わってしまった。当時の写真も残っておらず、幻の鉄道と呼ばれているが、廃線跡では明治の鉄道遺産に出会うことができる。

加茂駅から歩き始めてすぐに目につくのが、ホームが途切れた先にあるランプ小屋で、明治三十年（一八九七年）に建てられたものだという。当時の列車は電灯がなく、前照灯、尾灯、車内灯のすべてに灯油ランプが使われていた。その保管のための小屋で、精密に積まれた赤いレンガが美しい。

加茂駅からしばらくの間、廃線跡は現在のＪＲ関西本線に並行している。やがて右にそれていく現役の線路と分かれた先に、大仏線でもっとも美しい遺構がある。「赤橋《あかばし》」と呼ばれる鉄道橋で、赤レンガでできており、橋台の角の部分には白御影石《みかげいし》が使われている。すらりとしたその姿は、一〇〇年以上前のデザインとは思えないほどモダンでお洒落《しゃれ》だ。

その日は奈良市内に宿を取り、「酒肆春鹿《しゅしはるしか》」という店名にひかれて近くの和食の店に入った。春鹿とは奈良の地酒の名である。カウンターで隣り合わせた人に大仏線について熱く語っていたら、店のおかみさんが「あら、大仏鉄道を歩きにわざわざ来たの？」と言って、一冊の本をくれた。タイトルは『大仏鉄道物語』。著者は大仏鉄道研究会とある。

そういえばと思って加茂駅でもらった地図を取り出すと、〈発行＝大仏鉄道研究会〉とあった。大仏線の歴史を発掘し、遺構を保存する活動をしている鉄道愛好者の会で、地元ではよく知られているという。

本には、開業時の新聞記事や、当時配られた割引券の写真など、貴重な資料も載っている。弁当がタダでついてくる乗車券などもあったようで、鉄道ブームに沸いた当時の雰囲気が伝わってくる。

この本で、大仏線では深紅に塗られた英国製の蒸気機関車が走っていたことを知って驚いた。その名も「イナズマ号」。あの「赤橋」の上を、真っ赤な機関車が走るところを想像して、何だかワクワクした。

（二〇一一年五月取材）

天《てん》理《り》軽《けい》便《べん》鉄《てつ》道《どう》

奈良県

［廃止区間］
近畿日本法隆寺駅—平端駅

［廃止時期］
昭和27年（1952年）4月1日

［路線距離］
4.1km

「レールはな、テッポのタマにするのに持って行かれよったわ」

築堤だけがいまも残る廃線跡のそばで、農作業をしていた八十代の男性が言った。

天理軽便鉄道の新法隆寺《しんほうりゅうじ》—平端《ひらはた》間のレールが戦時物資として供出されたのは昭和二十年（一九四五年）二月のことである。

開業は大正四年（一九一五年）。新法隆寺—天理間の九・〇キロだった。軽便鉄道は車両が小さく、軌間も狭い。大正十年（一九二一年）に大阪電気軌道（現在の近畿日本鉄道）に吸収され、翌年、平端—天理間については軌間が広げられ、電化もさ

築堤が池を貫く珍しい風景。中央近くの途切れている部分には、かつて橋が架かっていた。池の向こうを走るのはＪＲ関西本線の列車

れた。

一方、新法隆寺―平端間は狭軌・非電化のまま取り残され、このときから大軌法隆寺線と呼ばれるようになる。戦争が激しくなると営業が休止され、レール供出の憂き目にあった。正式に廃止となったのは戦後の昭和二十七年（一九五二年）である。

年月を経て、残っている遺構は少ないが、全国的にもめずらしい景色が見られる場所がある。当時の新法隆寺駅（現在のＪＲ法隆寺駅のすぐ東側にあった）から二〇分ほど歩いたところにある木戸池《きどいけ》。近くの富雄川《とみおがわ》から水を引いた貯水池だが、この池の

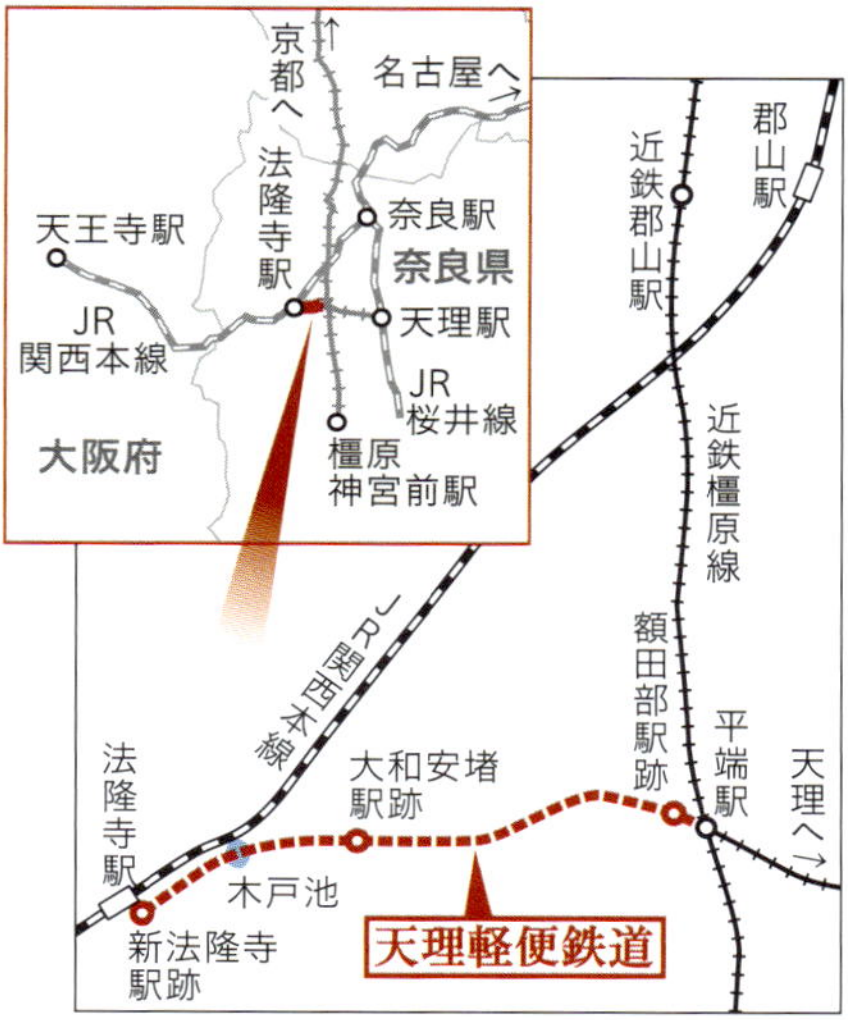

真ん中を、かつての天理軽便鉄道の築堤が一直線に貫いているのだ。

レールはすでにないが、がっしり組まれた石垣と、その上の道床はいまも健在。ときおり鴨《かも》や白鷺《しらさぎ》が飛んできて羽を休めている。

築堤は中央部でいったん途切れ、二メートルほど先でまたつながっている。池を完全に分断してしまわないよう、水の通り道を作ったのだろう。もとは橋がかかっていたようで、レンガ積みの橋台が残っている。

それにしてもなぜ、池の中に線路を走らせたのか。地元の人によれば、池を迂回《うかい》する用地の買収がうまくいかず、突っ切る形にしたのだという。苦肉の策だったわけだが、そのおかげで、大正時代に全国に巻き起こった軽便鉄道ブームの面影を残す貴重な遺構となった。

冒頭の八十代の男性と出会ったのは、この池のほとりである。「毒へび注意」の看板を見て池に近づくのをためらっていたら、「草が刈ってあるから大丈夫だよ。いまは冬だしね」

という。

と言ってくれたのだった。池のまわりの草は、周辺に住む人たちが定期的に刈っているのだ

男性は「よく乗ったんやけどな。小さくて、ボンネットバスみたいな車両だったよ」と言ってなつかしそうな顔をした。私が「池の中を走る姿を見てみたかったです」と言うと、安《あん》堵町《どちょう》歴史民俗資料館に当時の模型が展示されていることを教えてくれた。

地図を見ると、資料館はかつて大和安堵駅があった場所の近くのようだ。田畑の間を途切れながら続く廃線跡をたどっていくと、曲がり角に「右　すてんしょ」と彫られた石の標識が半ば土に埋まっているのを見つけた。「すてんしょ」は「ステーション」のことなのだろう。何だか可愛《かわい》らしい響きだ。

資料館には、一両だけの客車が蒸気機関車に引かれて池を渡る姿を再現した模型があった。昭和三年（一九二八年）に導入され、営業休止まで走っていたガソリンカーの模型もある。男性が言っていたのはこれだ。鼻づらのあたりが出っ張っていて、確かにボンネットバスに似ている。車体は緑色で、ドアと窓枠は木製。ゴットン、ゴットンという、のどかな走行音が聞こえてきそうだった。

（二〇一二年二月取材）

近《きん》鉄《てつ》東《ひがし》信《し》貴《ぎ》鋼《こう》索《さく》線《せん》

奈良県

［廃止区間］
信貴山下駅―信貴山駅

［廃止時期］
昭和58年（1983年）
9月1日

［路線距離］
1.7km

後ろからきた子供たちに、あっという間に追い越された。小学生くらいの女の子が二人、元気な後ろ姿を見せて坂を上っていく。

片方の子が振り向き、「早く」というように手招きした。両親と祖父母らしき人たちが後から上ってきている。かれらは私と同じくらいゆっくりしたペースだ。ケーブルカーが通っていたくらいだから、かなりの急坂で、運動不足の大人にはけっこうきつい。

静かな木立に囲まれた道には、ところどころ枕木も残っている。ここは、近鉄東信貴鋼索線の廃線跡だ。かつて、近鉄生駒《いこま》線の信貴山下《しぎさんした》駅から信貴山駅まで、

廃線跡に残る橋梁。かつてケーブルカーが上った急坂を、子供たちが元気に駆けていった

一・七キロを結んでいた。鋼索とはケーブルのことで、信貴山の上にある朝護孫子寺《ちょうごそんしじ》への参詣鉄道として、大正十一年（一九二二年）に開通した。

　奈良と大阪の間にある信貴山には、聖徳太子《しょうとくたいし》が物部守屋《もののべのもりや》を討つため河内稲城《かわちいなぎ》に向かう途中、毘沙門天王《びしゃもんてんおう》が現れて必勝の秘法を授けたといういわれがある。多くの参詣者が東信貴鋼索線を利用したが、昭和五年（一九三〇年）、大阪側から上るケーブルカーが開通したことで利用者が減った。さらに道路整備が進んでマイカーでの参詣が増え、昭和五十八年（一九八三年）に廃止となった。

＊

冬晴れの一日、奈良方面から信貴山に向かった。関西出身の友人によれば、阪奈《はんな》道路から信貴山に続く「信貴生駒スカイライン」からは、奈良側と大阪側、両方の夜景が見え、デートスポットとして有名だというが、当方はもちろん徒歩で、時間は早朝である。

近鉄奈良駅から奈良線に乗り、生駒駅で生駒線に乗り換えて信貴山下駅で下車する。ここがかつての東信貴鋼索線への乗換駅だ。駅を出ると、山手に向かって広い舗装道路が延びていた。ケーブルカーの線路だった道である。一キロほど上ったところで、舗装道路は右に大きくカーブするが、かつての線路はそのまままっすぐ進んでいた。その跡は現在、全長七〇〇メートルほどの遊歩道になっている。ジョギングする若者も、杖《つえ》をついてゆっくり歩くお年寄りも、「おはようございます」と声をかけ合い、なかなかいい雰囲気だ。

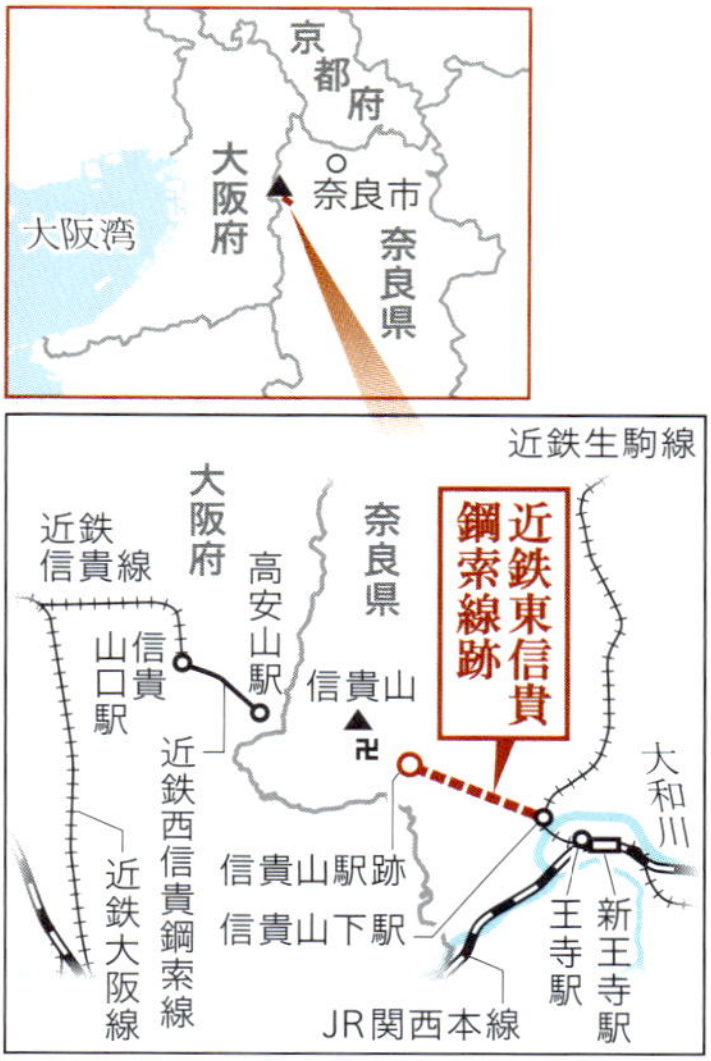

小学生らしき女の子たちに追い越されたのは、もうすぐ遊歩道が終わるあたりにかかる短

い橋の手前だ。彼女たちは元気に駆けていったが、橋そのものにかなり傾斜がある。これだけ急な坂になっている鉄道橋はめずらしく、さすがはケーブルカーの遺構という感じだ。来た甲斐《かい》があった気がして、息を切らして上りながら、思わずにんまりした。

遊歩道が終わったところは駐車場になっていた。その真ん中に立つバス待合所が、かつての信貴山駅の駅舎だ。

ここからお寺までは一〇分ちょっとの参道である。途中で「寅《とら》まんじゅう」ののれんを発見し、ひとつ購入した。いわゆる人形焼きで、トラの顔をしている。お店の人によれば、聖徳太子のもとに毘沙門天王が現れたのが、寅の年、寅の日、寅の刻で、ここでは寅が福の神なのだという。人形焼きの寅は、いまどきあまり見かけないリアルな怖い顔で、キャラクター化されていない分、御利益がありそうだ。

お寺にたどり着いて毘沙門天王を拝み、境内の食堂でうどんをすすっていると、相席になった中年女性が「私は毎年、ここにお参りするんや。金運がつくでぇ」と言って豪快に笑った。やっぱり来た甲斐があった。帰りは寅まんじゅうを頰張《ほおば》りつつ、ゆっくりと坂を下りた。

（二〇一四年一月取材）

紀《き》州《しゅう》鉄《てつ》道《どう》
（西御坊―日高川）

ＪＲ紀勢《きせい》線の御坊《ごぼう》駅には「０番線」がある。長いプラットホームの端を削って線路を敷いた「切欠《きりか》き」と呼ばれるホームで、私鉄である紀州鉄道がＪＲに間借りしているのだ。

新大阪から乗ったＪＲの特急「スーパーくろしお」を降りると、この０番線で、一両だけの小ぶりなディーゼルカーが待っていてくれた。白い車体に緑のライン。紀州鉄道のレールバス「キテツ２」である。

レールバスとは軽量小型のディーゼルカーで、バスに近い構造を持っている。全国でも走っている路線が少なく、私も初めての対面だ。ころんとしたフォルムが可愛らしく、確かにバスの面影があ

和歌山県

［廃止区間］
西御坊駅―日高川駅

［廃止時期］
平成元年（1989年）
４月１日

［路線距離］
0.7km

レール、枕木、バラストが全線にわたって残り、踏切跡には警報機が所在なさげに佇む。立ち入り禁止のため、取材は敷地外から行った

る。

このレールバスが、御坊―西御坊間の二・七キロを結んでいる。もともとの終点は日高川《ひだかがわ》駅で、全長は三・四キロあったが、平成元年（一九八九年）に西御坊―日高川間は廃止されてしまった。レールバスに乗ってまずは西御坊を目指し、そこから廃線跡をたどることにした。

＊

レールバスは、田畑や宅地を縫ってゆっくり走る。時速は約二〇キロだ。乗客は地元の人が数人と、鉄道

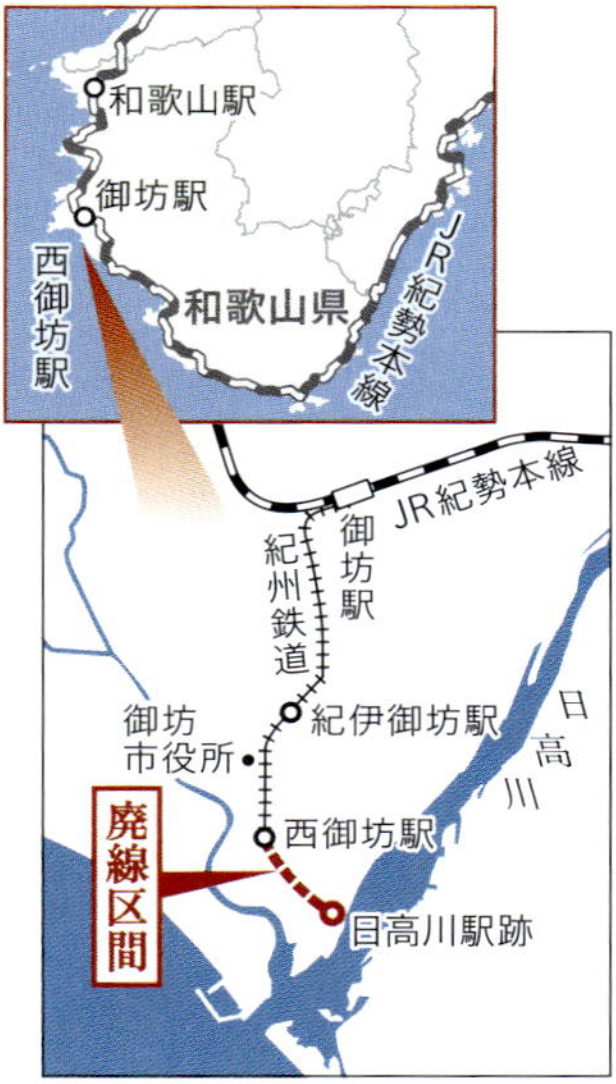

ファンとおぼしき中年のカップルが一組。これまで各地の駅で、いわゆる「テツ」の人と出会ったが、カップルというのはめずらしい。それぞれが一眼レフのカメラを持っていて、女性のほうも鉄道好きなのは明らかだ。

二人は互いに離れた席に座っていたが、駅に近づくたびに、ほぼ同時にカメラを手に立ち上がる。フロントガラス越しに駅構内の風景を撮るためだ。バスと同様、運転席との仕切りがないので、前面の視界が広く、撮影には絶好なのである。後ろから見ると、二人はカメラの構え方も立ち姿もそっくり。親密な雰囲気ではあるがほとんど会話がないこととといい、おそらく夫婦なのだろう。ちょっとうらやましい気がした。

現在の終点である西御坊駅は絶妙に古びていて、まさに昭和の匂い。駅舎もホームも煤けたように暗いのだが、心ひかれる独特の雰囲気だ。

廃線部分は全線にわたってレール、枕木、バラストが残っている。枕木は風雨にさらされて流木のように白くなり、錆《さ》びたレールと相まって、いかにも廃線らしい風情。途中の踏切跡では、警報機が撤去されないまま黒ずんだ姿をさらしていた。時代に取り残されて茫然《ぼうぜん》と立ち尽くしているようで、どこか人間的だ。

かと思うと、ほとんど民家の裏庭と化し、花や野菜が植えられていたり、物干しが設置されているところもある。洗濯物の下に猫がごろんと寝そべる日常的な風景である。

終点の日高川駅跡にはホームの石積みだけが残っていた。丈高い草に覆われ、ペットボトルや空き缶が転がっている。

紀州鉄道のルーツは、地元の有志が資金を出しあって敷設した御坊臨港鉄道である。終点に近い日高川の河口は、かつてこの地域の海上交通の拠点で、日高川駅まで鉄道で運ばれてきた木材やミカンを、船積みして阪神や関東に送った。昭和九年（一九三四年）に全線が開通したときは、町をあげて盛大に祝ったという。

いまではさびれてしまった御坊の町だが、古い商家や木材協同組合の建物などが残り、かつての賑わいをしのばせる。日高川の堤防に立って太平洋を眺めると、この海を越えて大都会とつながろうとした、昭和初期の人々の思いが伝わってくる気がした。

（二〇一一年二月取材）

ＪＲ大《たい》社《しゃ》線《せん》

島根県

［廃止区間］
出雲市駅—大社駅
［廃止時期］
平成２年（1990年）
４月１日
［路線距離］
7.5km

二〇年以上も前に廃線となった鉄道の駅舎が、これほど堂々として立派であることに驚かされる。

まるで社殿のようなこの駅舎は、ＪＲ大社線の大社駅。平成二年（一九九〇年）に廃線となった後も、現役時代と同じ姿で保存されている。待合室や改札、時刻表や運賃表まですべてそのままで、構内はレールも撤去されずに残っている。ホームに立っていると、いまにも列車が滑り込んできそうな錯覚にとらわれる。

大社線は、縁結びで有名な出雲《いずも》大社への参詣鉄道として明治四十五年（一九一二年）に開

代表的な神社・仏閣型駅舎の大社駅。初代の駅舎が狭かったため大正13年（1924年）に改築された。国指定の重要文化財

通、JR山陰本線の出雲市駅から終点の大社駅まで七・五キロを結んでいた。全部で四駅しかない支線だが、かつては東京や大阪から直通列車が乗り入れ、お召し列車も到着した。いまでは参詣の足はマイカーや観光バスに変わったが、黒光りする屋根瓦やコンコースのシャンデリアからは、当時の賑《にぎ》わいがしのばれる。

今回の廃線歩きは終点の大社駅からスタートした。構内を見学した後、駅前に停《と》まっていたタクシーの運転手さんに廃線ルートを確認しようと道を聞いたら、親切に教えてくれた。

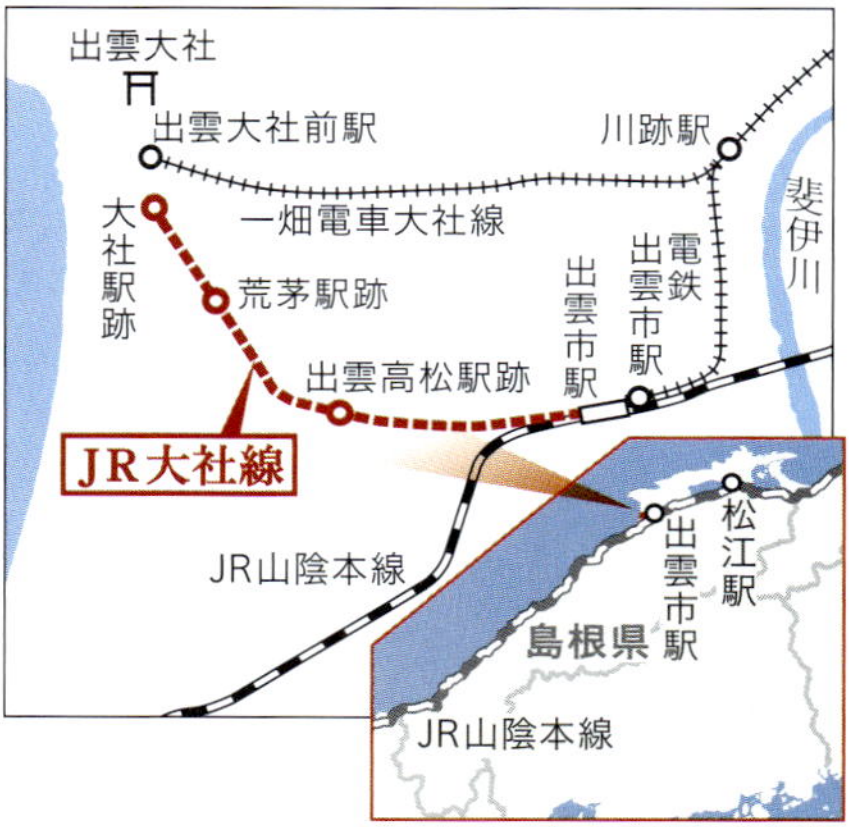

佐々木孝興さん、六十五歳。地元育ちで、運転手歴は四〇年になるそうだ。

「私が子供だった頃、このあたりは実に華やかで、出雲大社の前の広場にはサーカスも来たんですよ。象の曲芸とかオートバイとか。昭和二十八年（一九五三年）に出雲大社で火事があったんですが、そのとき象がいち早く大きな声で鳴いたので、団員が気づいて大事な宝物などを持ち出すことができたそうです」

サーカス団の興行期間中は駅も大変な混雑だったという。伝統あるお社でサーカスとは意外な気もしたが、後で調べてみると、神社の境内でのサーカス興行はかつて全国的に盛んで、あの靖国《やすくに》神社でも行われていたとわかった。象が火事を知らせたサーカス団は「木下サーカス」で、当時の文化財保護委員会から感謝状を贈られている。

大社駅から出雲市駅までの線路跡は徒歩で二時間ほど。ほとんどがのどかな田園風景で、途中、サイクリングロードになっている区間もある。遺構はそれほど残っていないが、途中駅の荒茅《あらかや》と出雲高松《いずもたかまつ》は、ともにホームが残っている。出雲市駅に近づくにつれ、線路跡は市街地に吸収されて、廃線の気配は消えていった。

出雲市駅前に宿をとり、翌日、地元の私鉄である一畑《いちばた》電車に乗って出雲大社を訪ねた。電鉄出雲市駅から乗ったのはワンマンカーだったが、途中の川跡《かわと》駅で乗り換えた電車には女性の車掌さんが二名乗務していた。

昔ながらの革の車掌カバンを肩にかけ、腰をかがめてお年寄りの話を聞いている。なつかしい昭和の香りがする車内風景だ。二両編成のずんぐりした車体がかまぼこのようだと思っていたら、本当に一畑電車をかたどった「電車かまぼこ」というのがあるそうだ。

車内で若い女性とその母親に隣り合わせた。聞けば出雲大社に良縁を祈願するため、徳島県からやってきたという。「早くお嫁に行かなくちゃ」という割にはのんびりした風情で、トコトコと走るローカル線に似合っている。婚活もいいけれど、こんな母娘の旅のほうがもっといい。

（二〇一〇年四月取材）

下《しも》津《つ》井《い》電《でん》鉄《てつ》

「ホームにすわって、お弁当を食べるといいよ」

立ち話をした地元のおじさんに、そう勧められた。

「目の前が海だよ、気持ちいいよ」

児島《こじま》駅跡から歩き始めて約一時間、ちょうど昼どきである。

言われた通り、琴海《きんかい》駅跡の海に面したホームに腰を下ろした。眼下に大畠《おおばたけ》漁港。その先に瀬戸内海が広がる絶景の廃駅である。古びた石積みのホームは冬の陽射《ひざ》しでぬくもっていて、ほのかにお尻があ

岡山県

［廃止区間］
茶屋町駅―下津井駅

［廃止時期］
平成３年（1991年）
1月1日

［路線距離］
21.0km

中国・四国

朽ちかけたプラットホームが残る、終点の下津井駅跡。右奥には当時の車両が保存されている

たたかい。コンビニで買ったおにぎりをリュックから取り出して頰張《ほおば》った。

道床《どうしょう》に足がつくほどホームが低いのは、ここを走っていたのが軽便鉄道だったからだ。レール幅七六二ミリのナローゲージ。いまはもう撤去されたそのレールが、茶屋町《ちゃやまち》から下津井までの二一キロをつないでいた。

下津井電鉄が開業したのは大正二年（一九一三年）。当時は下津井軽便鉄道といった。廃止は平成三年（一九九一年）である。

下津井は北前船が寄港する

港町で、四国への連絡港としても栄えてきた。ここから対岸の丸亀《まるがめ》（香川県）に渡るのが江戸時代からの金比羅《こんぴら》参りの主要ルートだったのだ。ところが明治四十三年（一九一〇年）に国鉄宇野《うの》線が開通すると、終着駅の宇野に四国への玄関口の座を奪われてしまった。それに対抗すべく、地元の有志が資金を出しあって敷設したのが下津井軽便鉄道である。株主の半数以上は、持ち株が一〇株に満たず、一株、二株という〝零細株主〟も多かったという。

明治末から大正にかけて、全国で短小な鉄道が次々と開業し、第一次軽便鉄道ブームと呼ばれたが、それらの路線には、こんなふうに地元の人々が起死回生の望みをかけて敷設したものが少なくない。強く大きく便利になっていくニッポンから遅れまいと、地方は必死だったのだ。そう思って見ると、低いホームも、幅の狭い道床も、何だか健気《けなげ》に思えてくる。

琴海駅跡を後にし、海風を感じながら上り勾配《こうばい》の道を歩く。次の駅は鷲羽山《わしゅうざん》。ホームに立つと、すぐ近くに瀬戸大橋が見える。下津井電鉄が廃止されたのは、道路整備が進んで自家用車やバスでの移動が容易になったことに加え、昭和六十三年（一九八八年）にこの橋が完成したことが大きい。これによって下津井は四国へ渡るルートから完全にはずれてしまった。現在では下津井―丸亀間のフェリー航路も廃止されている。

東下津井駅跡をへて終点の下津井駅跡に着くと、二本のホームが半ば崩れながら残っていた。フェンスの向こうには、保存車両がひっそりと置かれている。廃線跡といっても、ここまでは倉敷《くらしき》市によって「風の道」として整備され、瀬戸内の陽光を浴びた明るい道だった。しかし、終着駅は一転してもの寂しい。

もともと下津井電鉄は「盲腸線」で、船の航路とつながらない限り、この先はないのである。もう引き返すしかないという〝どんづまり感〟が漂い、虚《むな》しいような切ないような気持ちになる。これもまた廃線歩きの醍醐《だいご》味《み》か。

駅前広場を抜けると、すぐ目の前が港である。人気はなく、漁船が静かに舫《もや》っていた。

晴れわたった空を、小さく飛行機が飛んでいる。くっきりと長く尾を引く二本の飛行機雲が、いまはなきナローゲージのレールのように見えた。

（二〇一〇年一月取材）

鞆《とも》軽《けい》便《べん》鉄《てつ》道《どう》

広島県

［廃止区間］
福山駅―鞆駅

［廃止時期］
昭和29年（1954年）
3月1日

［路線距離］
12.5km

発端は「ラッキョ汽車」だった。岡山県の下津井電鉄（茶屋町―下津井間を走っていた軽便鉄道。一五四頁）の廃線跡を訪ねた折、地元の図書館で軽便鉄道の資料を探したのだが、そのとき何とも変わった形の機関車の写真を見つけたのだ。説明書きには「鞆軽便鉄道のラッキョ汽車（独アルノルド・ユンク社製蒸気機関車）」とあった。

上の方が広がった形の煙突が、らっきょうのように見えることからこう呼ばれるようになったらしい。力強く男性的という蒸気機関車のイメージを裏切るキュートな姿に目が釘《くぎ》付《づ》けになった。

ラッキョ汽車は、鞆軽便鉄

水呑薬師駅跡には、ここに駅があったことを示す標柱が立っている。雑貨屋の右隣が駅舎で、線路は裏手を通っていたという

道が開通した大正二年（一九一三年）当時から走っていた。昭和二十九年（一九五四年）に廃線になり、いまはもう見ることができないが、かつてそれが走っていた風景の中を歩いてみたいと思っていた。

　秋晴れの休日、東京から新幹線で福山《ふくやま》へ向かった。鞆軽便鉄道は、ここ福山から鞆までの一二・五キロを走っていた。線路は残っていないが、ほぼ同じルートを路線バスが走っている。

　このくらい古い廃線跡の場合、現在でも見られる確率が高い遺構は橋台である。橋そ

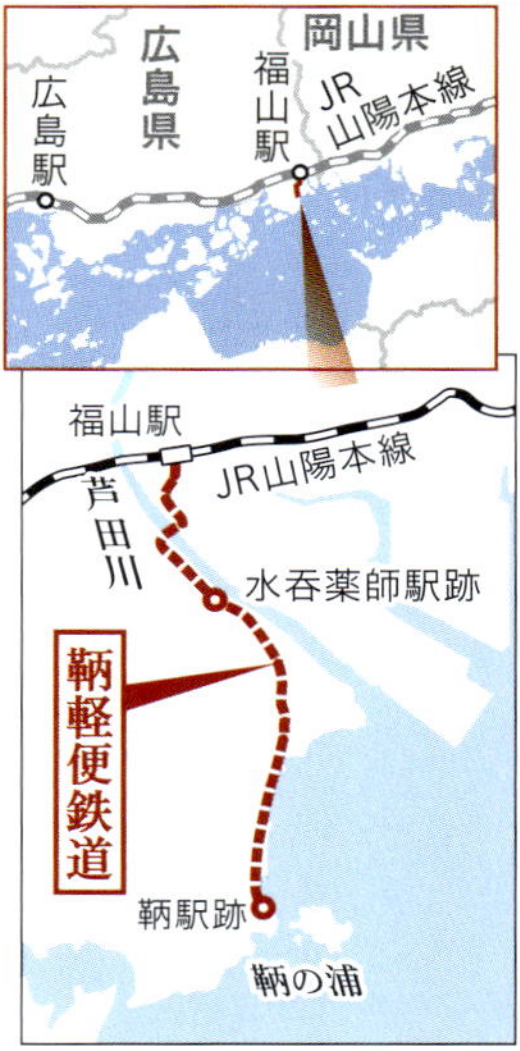

のものは撤去されていても、橋を支える土台である橋台が両岸に残っていることがあるのだ。鞆軽便鉄道の廃線跡でも、いくつかの橋台を見つけることができた。

まずは芦田川《あしだがわ》を渡った先、用水路の岸にひっそり残る小さな石積みの橋台。事前に資料を見て調べていかなければ見過ごしていただろうと思うほど、ささやかな橋台である。軽便鉄道の軌間は七六二ミリと狭いので、橋台の幅も狭いのだ。

そのまましばらく行くと、道沿いの雑貨屋の横に「鞆鉄道、水呑薬師《みのみやくし》駅舎」と書かれた標柱が立てかけられていた。店のご主人に声をかけると、「トモテツは、うちの裏手を走っていたんですよ」と言って裏の路地に案内してくれた。「ほらこのへんを、こんなふうに」と、両手を線路の幅に広げて教えてくれたが、いまでは住宅の軒が両側から迫り、昔の面影はない。

バス通りを進んだところで、住宅地の中にもうひとつ橋台を発見した。こちらは高さもあり、御影石をきっちりと積み上げた堂々たる遺構だ。橋台のてっぺんには薄く土が積もり、そこに草が生えていた。

終点の鞆駅は、現在は「鞆車庫前」というバス停になっていた。コンクリートの地面に残る丸い穴は、改札の柵のポールの跡だそうだ。普通の人にとっては単なる穴の跡だが、廃線好きにとっては感動的な発見。地面にカメラを向ける私を、バスを待つ人が不思議そうに見ていた。

鞆は古い街並みの残る、風情ある港町だ。古くから潮待ちの港として栄え、最近では宮崎《みやざき》駿《はやお》監督が映画「崖の上のポニョ」の着想を得た場所として知られている。

観光情報センターに入ると、隅のほうに、あのラッキョ汽車の写真が展示してあった。そのうちの一枚、福山駅構内で撮られた写真を見て思わず笑ってしまった。山陽《さんよう》本線の蒸気機関車と並んで写っているのだが、大人と子供ほどに大きさが違う。単体で写っている写真を見たときには気づかなかったが、軽便鉄道なので、普段見なれた車両にくらべて車体が本当に小さいのだ。その上、煙突の先がふくらんでいて頭でっかちだから、まるで遊園地の汽車のように見える。

ここまで来る途中にはかなり急な坂もあった。きっと苦労して上ったことだろう。そう思うと、ますますラッキョ汽車が可愛《かわい》く見えてきた。

（二〇一二年十月取材）

国《こく》鉄《てつ》宇《う》品《じな》線《せん》

広島県

［廃止区間］
広島駅―宇品駅

［廃止時期］
昭和47年（1972年）
4月1日

［路線距離］
5.9km

ＪＲ広島駅で新幹線を降りて南口を出ると、目の前に路面電車の停留所があり、広島港行きの電車が停まっていた。今回の廃線は、広島―宇品間の五・九キロを結んでいた旧国鉄宇品線。おもな遺構は、現在は広大な広島港の一部になっている旧宇品港の周辺にある。ちょうどいいので、路面電車で港まで行くことにした。

宇品線は、軍港だった宇品港に軍需品や兵員を運ぶため、日清戦争の始まった明治二十七年（一八九四年）に敷設された。わずか一七日間の工事で開通したという。

その後も日露戦争、日中戦争、太平洋戦争と、軍用路線として

中国・四国

多くの兵士を送り出した軍用桟橋があった埠頭は、宇品波止場公園となり、宇品線のレールや信号機が保存されている

利用され、広島に原爆が投下された後は、救護所が設けられた宇品へ被爆者を搬送するのにも使われた。

戦後は宇品港への貨物輸送に加え、沿線に設置された官庁や周辺の学校に市民を運んだ。しかし、バス便の増加や宇品への路面電車の開通で乗客が減少し、昭和四十五年(一九七〇年)には国鉄一の赤字路線になってしまった。

昭和四十七年(一九七二年)に旅客営業を廃止し、以後は、現在のマツダスタジアムの位置にあった東広島と宇品の間のみ、貨物路線として運行したが、それも昭和六十一年（一九八六年）に終了し、長い歴史を閉じた。

＊

路面電車に揺られること約四〇分。広島港は秋の青空が広がっていた。散策気分で海岸に沿って東へ歩いていくと、大型の家具店やカフェが建ち並ぶエリアに出た。日曜とあって、岸壁では何組かの家族連れが釣りをしている。

「釣れますか？」と三十代くらいのお母さんに聞くと、小学生の男の子が「見て！」とバケツの中を指さした。見たことのない魚が入っている。

「このへんではエソって呼んでます。けっこう美味《おい》しいんですよ」とお母さん。隣で釣り糸をたれていた年配の男性は、クーラーボックスを開けてサヨリや小アジを見せてくれた。

やがて、かつて宇品港の軍用桟橋があった埠頭《ふとう》が見えてきた。

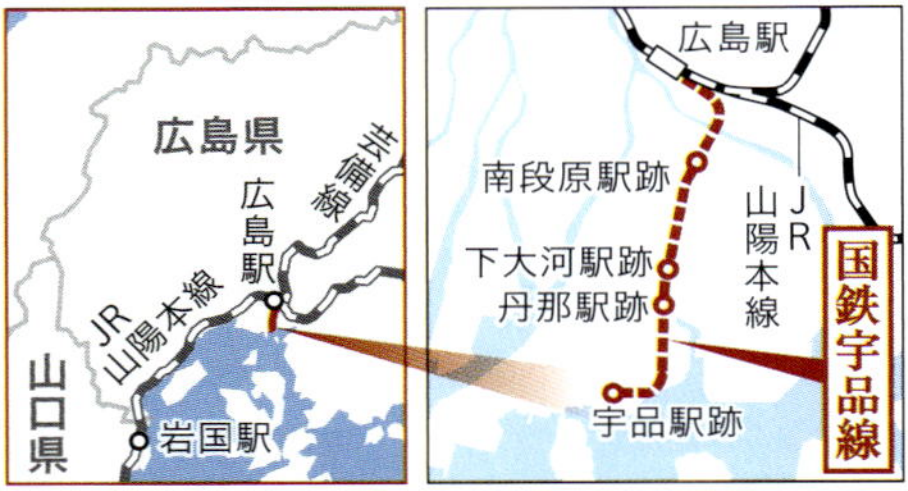

周囲は現在、宇品波止場公園として整備されている。

明治から昭和まで数え切れない兵士を送り出した軍用桟橋は、石積みの一部が保存されていた。宇品線で運ばれてきた兵士たちは、終点の宇品駅で降りると、ここから海を渡った。帰ってきた人もいれば、二度と日本の土を踏めなかった人もいる。

「陸軍栈橋とここを呼ばれて還らぬ死に兵ら発《た》ちにき記憶をば継げ」

かつて軍用栈橋があった場所の近くに建つ碑に刻まれている歌である。作者である歌人の近藤芳美《こんどうよしみ》氏もまた、若い日にこの栈橋から戦場に送り出された一人だったという。

碑のすぐ後ろに、宇品線のレールと信号機がモニュメントとして残されていた。このあたりも家族連れが多く、幼い女の子と父親が手をつないでレールの上を歩いていた。

この公園から少し北に行ったところに、かつての宇品駅はあった。現在は高速道路の出入り口になっていて面影はないが、ホームに沿って建っていた陸軍糧秣支廠《りょうまつししょう》倉庫のレンガの壁の一部が近くに保存されていた。宇品線のホームは五〇〇メートルもあり、当時は日本一の長さといわれたそうだ。

帰りは宇品線の跡をたどりながら広島駅まで歩いた。線路跡は道路に吸収されてほとんどわからなかったが、丹那《たんな》駅、下大河《しもおおこう》駅、南段原《みなみだんばら》駅の跡地の近くには、それぞれ宇品線を記念する公園やモニュメントがあり、子供たちが元気に遊んでいた。平和な秋の休日の風景だった。

（二〇一三年十月取材）

JR宇《う》部《べ》線《せん》旧《きゅう》線《せん》

山口県

［廃止区間］
岩鼻駅—宇部新川駅

［廃止時期］
昭和27年（1952年）
4月20日

［路線距離］
3.3km

廃線遺構のスターは橋とトンネルだという話を前に書いた。造られた時代によって個性があり、橋脚の一本、レンガの一個が鉄道の歴史を物語る。それに何といっても大きくて見栄えがする。

ほかにも駅舎やホーム、踏切など、魅力的な廃線遺構はいろいろあるが、今回は、あまり注目はされないけれど、個人的に心をひかれる廃線の風景を紹介したい。

川に向かって進む土の道。まわりの土地より一段高くなっていて、川原の景色が見渡

厚東川に向かって延びる築堤跡。この先にかつて鉄道橋が架かっていた。現在の橋が左手奥に見える

せる。岸に出ると、向こう岸にも同じような一筋の道が続いている――もしそんな風景に出会ったら、そこにはかつて、川を渡る線路があったと考えてまず間違いない。私の好きな風景だ。

周囲より高くなった土の道は「築堤」の跡である。鉄道はアップダウンを避けるため、土地の高い場所では土を削って周囲より低くし、低い場所では土を盛り上げてレールが敷かれる。前者が切り通し、後者が築堤である。

大きな川のそばは土地が低いから、築堤が造られることが多い。そんな、川の見える築堤の上を歩きたくて、旧宇部線の廃線跡に行ってきた。きれいな築堤跡が残っていると聞いたのだ。

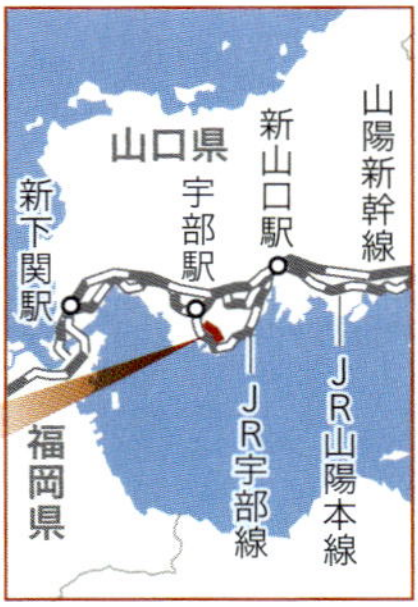

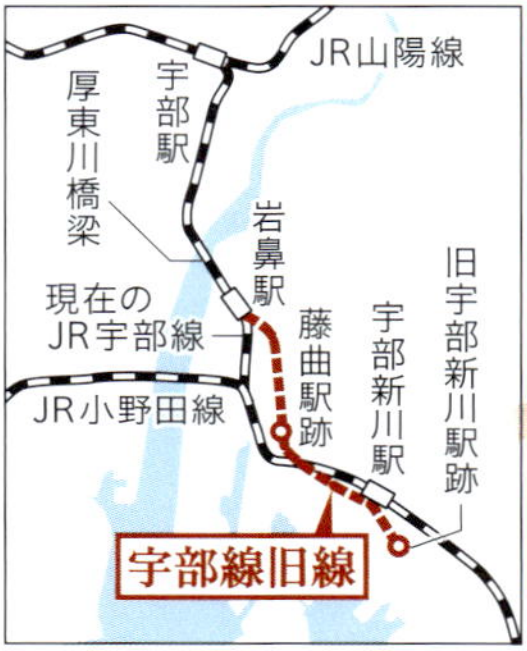

＊

宇部線は、宇部軽便鉄道として大正三年（一九一四年）にまず宇部《うべ》―宇部新川《しんかわ》が開通、その後延伸を繰り返して大正十四年（一九二五年）に小郡《おごおり》（現在の新山口《しんやまぐち》）までの全線が開通した。石灰石をはじめとする貨物輸送で栄えた宇部港の盛衰に合わせるように、駅の新設や廃止、移転、またルートの変更がしばしば行われ、名称も何度か変わっている。今回歩いたのは、昭和二十七年（一九五二年）に新線ができたことで廃止になった岩鼻《いわはな》―宇部新川間で、目的の築堤跡は、岩鼻駅の北を流れる厚東川《ことうがわ》の近くにあった。

川に向かってゆるやかにカーブする道を、サッカーボールを持った小学生くらいの兄弟が歩いていく。後ろから小さな犬がチョコチョコついていき、そのむこうを幅の広い川がゆったりと流れている。何の変哲もないけれど、どこか懐かしい気分になる景色だ。一面の田んぼを走る築堤も美しいが、川に近い築堤は、川原に向かって景色が開けていて、空が近い感じがするのがいい。

兄弟の後ろを歩いていくと、川原に石組みの立派な橋台があった。いま歩いてきた築堤を通っていた列車が渡った厚東川橋梁《きょうりょう》は撤去され、この橋台だけが残ったのだ。川岸からは現在の宇部線が通る新しい橋が見えた。港が近いから、海の気配もする。

川のそばの築堤跡が残っているところはいまでは多くない。これまで歩いた廃線では、鹿児島交通南薩《なんさつ》線（一九八頁）が永吉川《ながよしがわ》を渡る前後に、築堤跡がそのまま残っていた（そういえばここも海が近かった）が、ほかにはあまり思い当たらない。

岩鼻駅に戻り、宇部新川駅まで旧線の廃線跡を歩く。線路の跡はほとんどが道路に転用されていた。旧線の宇部新川駅は現在の同駅の南側にあり、跡地にはホテルが建っている。遺構らしい遺構は見当たらなかったが、築堤と川の風景の美しさがいつまでも目に残り、忘れられない廃線がまたひとつ増えた。

帰りは宇部新川駅から新山口駅まで宇部線に乗った。駅前で入った喫茶店で「急行バスのほうが早いですよ」と言われたが、海ぞいをゆっくり走る二両編成のワンマンカーで、車窓から周防灘《すおうなだ》の景色を楽しんだ。

（二〇一四年十二月取材）

琴《こと》平《ひら》参《さん》宮《ぐう》電《でん》鉄《てつ》（多《た》度《ど》津《つ》線《せん》・琴《こと》平《ひら》線《せん》）

香川県

［廃止区間］
多度津桟橋通駅ー琴参琴平駅

［廃止時期］
昭和38年（1963年）9月16日

［路線距離］
11.9km

「こんぴら船々　追風《おいて》に帆かけて　シュラシュシュシュ」

港町・多度津《たどつ》を歩きながら思わず鼻歌が出る。全国からの参拝客が道中歌として口ずさんだ歌だそうだ。なるほど、歩くリズムにちょうど合う。

江戸時代、こんぴら参りは庶民の憧れだった。参拝客は、丸亀《まるがめ》港あるいは多度津港まで船でやってきて、こんぴらさんこと金刀比羅宮《ことひらぐう》まで三里（約一二キロ）の道を歩いた。

明治になって讃岐《さぬき》鉄道（現在のＪＲ土讃《どさん》線）が開通し、多度津から琴平《ことひら》まで汽車で行けるようになる。その後、大正から昭和初期にかけて、琴平参宮電鉄、琴平電鉄、琴平急行電鉄と三つの私鉄が

旧善通寺赤門前駅の駅舎が、さびれた姿で残っている。この交差点で、多度津桟橋通駅に向かう路線と、丸亀・坂出方面に向かう路線が分岐していた

開通。いずれも終点は琴平で、ひとつの町に四つの駅がひしめくことになった。

このうち琴平参宮電鉄と琴平急行電鉄は廃止となり、私鉄で生き残ったのは琴平電鉄のみ。今回は、昭和三十八年（一九六三年）に廃止になった「ことさん」こと琴平参宮電鉄の多度津線（多度津《たどつ》桟橋通《さんばしどおり》—善通寺《ぜんつうじ》赤門《あかもん》前《まえ》の六・〇キロ）と琴平線（善通寺赤門前—琴参琴平の五・九キロ）の廃線跡をたどった（琴平参宮電鉄にはこのほかに丸亀線と坂出《さかいで》線があったが、同じく昭和三十八

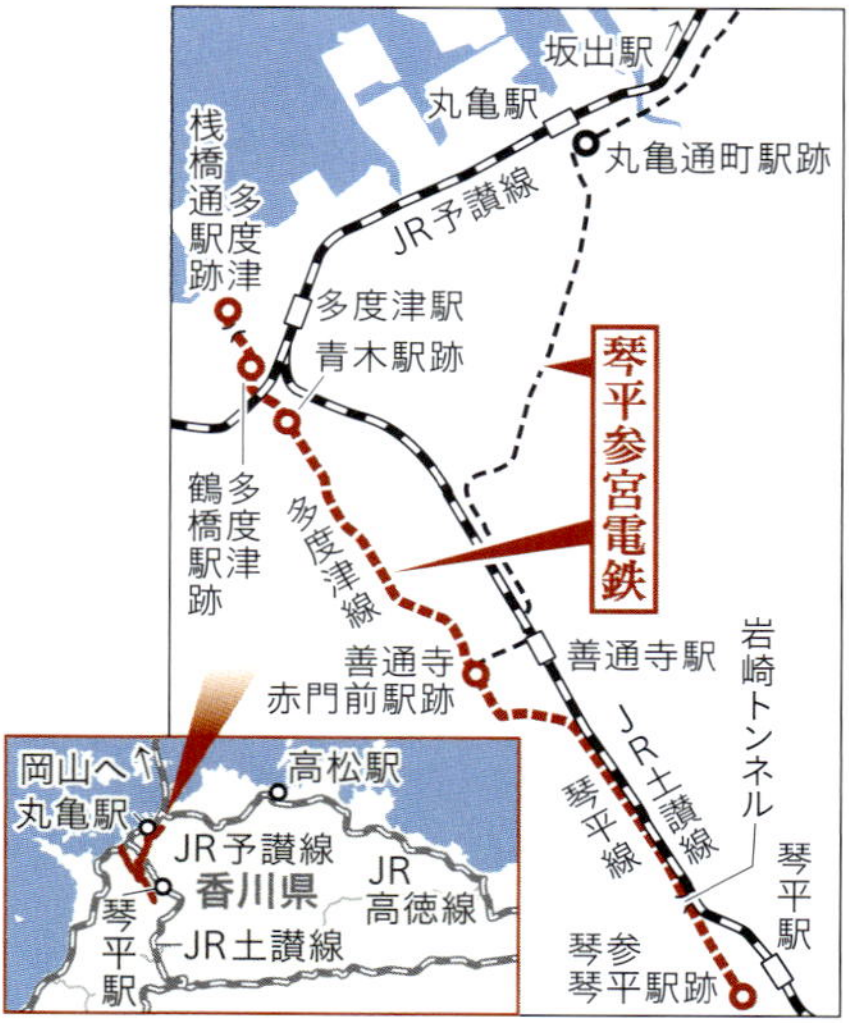

年に廃止されている）。

大正十三年（一九二四年）開通の多度津線を、多度津桟橋通駅跡から歩き出す。かつての駅舎は鉄筋のモダンな建物で、二階にはダンスホールがあったというが、現在は空き地になっている。

廃線跡は県道になっていた。しばらく行くと、多度津《たどつ》鶴橋《つるはし》駅と青木《あおき》駅の間、JR予讃《よさん》線をオーバークロスする部分に石積みの橋台が残っていた。近くには、線路が生活道路と交差していた場所もあり、そこにも橋台が残っていた。

この先、善通寺赤門前駅までは遺構はなく、雨も降ってきたのでタクシーに乗ることにした。運転手さんに話を聞くと、子供の頃、自宅のあった琴平から多度津まで「ことさん」に乗って海水浴に出かけたそうだ。

「廃止されたときはまだ四、五歳。もう一〇年早く生まれていたら、もっといろんな話ができたんですけど……すみませんねえ」

琴平の人たちは旅人に親切だ。前日に泊まった旅館では、廃線の取材に来たと言うと、関連する本をわざわざ部屋まで持ってきてくれたし、地ビールを買った酒屋のおばさんは、私が旅館の夕食を予約していないことを知ると「この町は女の人が一人で食事できる場所が少ないのよ」と心配し、お弁当や総菜の買える店を地図に書いて教えてくれた。さすがは全国からの参拝者を迎えてきた歴史を持つ町である。

善通寺赤門前駅は駅舎が残っていた。交差点に面して立つ堂々たる建物だが、すっかりさびれた佇《たたず》まいで、上部にあるドーム形の装飾がわずかに駅らしさを感じさせる。空海《くうかい》が生まれた寺とされる善通寺はいまも多くの参拝者が訪れるが、かつては活気があったという旧駅前の商店街は人影もまばらだった。ここから琴参琴平駅までが、大正十二年（一九二三年）開通の琴平線である。雨も止《や》んだのでタクシーを降りてまた歩き出す。しばらく行くと廃線跡は左にカーブし、土讃線と並走する。途中、現役時代の姿をほぼとどめた岩崎《いわさき》トンネルがあった。坑口を縁取る赤いレンガが美しい。

終点の琴参琴平駅跡は大きな旅館になっていた。そのまま金刀比羅宮の参道入り口まで歩く。最近はパワースポットとして人気があるらしく、若い人たちで賑わっていた。こんぴらさんは海の神様だとばかり思っていたが、土産物屋《みやげものや》のおじさんによれば「どんな願いも叶《かな》う万能の神様なんですよ」とのこと。横で若いカップルがうなずいていた。

（二〇一二年三月取材）

住《すみ》友《とも》別《べっ》子《し》鉱《こう》山《ざん》鉄《てつ》道《どう》（上《じょう》部《ぶ》鉄《てつ》道《どう》）

それにしても明治人は偉かったと、足を踏み外したら急斜面から滑り落ちてしまいそうな山道を歩きながら思った。急峻《きゅうしゅん》な山肌にへばりつくようにして延びているこの道は、かつて住友別子鉱山鉄道が走っていた廃線跡である。標高一三〇〇メートルを超える高所にあった別子銅山から鉱石を運ぶための鉄道が敷設されたのは、明治二十六年（一八九三年）。いまから一二〇年以上も前のことだ。

トラックも重機もない時代に、こんな山の中によくぞ鉄道を引き、機関車を走らせたものだと驚嘆した。鉄道の軌道はほぼ等

愛媛県

［廃止区間］
角石原駅―石ヶ山丈駅

［廃止時期］
明治44年（1911年）10月7日

［路線距離］
5.5 km

唐谷川の三連橋梁の遺構。どっしりした橋脚は見上げる高さ。きっちりと積み上げられたレンガはほとんど風化しておらず、傷みも少ない

高線に沿って下っていて、高低差はそれほどないが、何しろ起点の角石原《かどいしはら》の標高が一一〇〇メートルもある。今回の廃線の旅も、その角石原までたどり着くのが一苦労だった。

車で行くことができるのは標高七五〇メートルの東平《とうなる》まで。かつて鉱山町として賑わった東平は、石積みの貯鉱庫などがいまも残り、「東洋のマチュピチュ」と呼ばれる独特の景観を作っている。

その東平から角石原までは登山道になっている。一時間半ほどの道のりだが、登山未経験の身にはかなりきつかった。

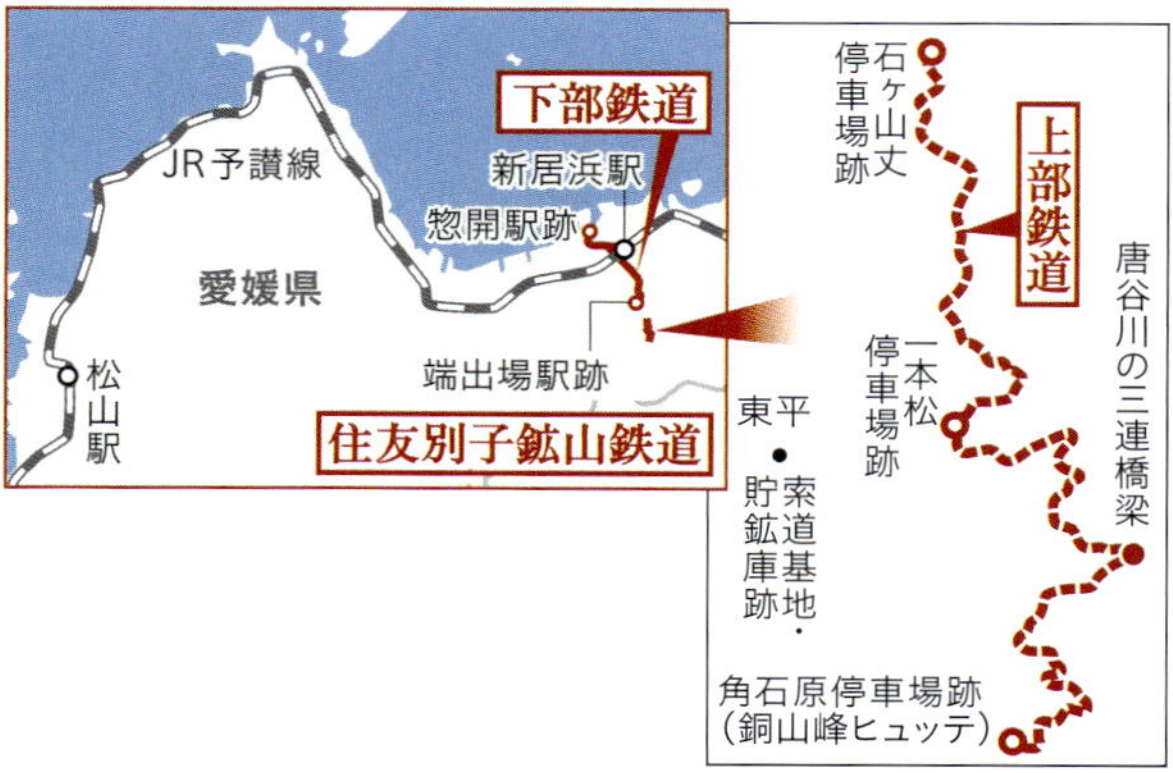

角石原にある銅山峰《どうざんみね》ヒュッテが、かつて駅務室があった場所である。ここまでたどり着いてやっと、廃線歩きをスタートすることができる。

　この路線は、鉱山鉄道であると同時に、日本初の山岳鉄道でもある。山肌を削りとって路盤を作っているので、線路跡の山側の斜面は、石を積んで補強した擁壁となっている。まるで城壁のようで、歩きながら、前日に訪れた香川県の丸亀《まるがめ》城で見た石垣を思い出した。

　端正に積み上げられたお城の石垣より、山の中の苔《こけ》むした擁壁のほうが美しく見えたのは、さっきまでの登山の辛《つら》さで、一二〇年以上も前に鉄道を敷設した人たちの苦労が少しだけわかった気になったからかもしれない。

　そんなことを思いながら後ろを振り返ると、線路跡の谷側の斜面、つまり、いま歩いてきた足もとも、石の擁壁で補強されていることに気がついた。ほとんど人の通わない山奥で、明治の人々が積んだ石の上を歩いていると、歴史に直《じか》に触れている気分になる。

この路線は、全長五・五キロの間に大小二二か所もの谷があり、すべてに鉄道橋が架けられていた。その橋台や橋脚がいまも残っている。中でも一番の見ものは、唐谷川《からたにがわ》に架かる三連橋梁である。石積みの土台の上に赤いレンガが積まれた橋脚は、風格のある美しさだ。

幅のごく狭い谷にもちゃんと橋が架かっていた。橋脚が省略された長さ数メートルの橋でも、橋台はきっちりと積まれたレンガ造りになっていて、「いい仕事してますね！」と声をかけたくなった。

住友別子鉱山鉄道は、山中を走る角石原から石ヶ山丈《いしがさんじょう》までを上部鉄道と呼び、ほぼ平地を走る端出場《はでば》から新居浜港《にいはまこう》までを、惣開《そうびらき》への支線等を含めて下部鉄道と呼んだ。蒸気機関車で石ヶ山丈まで運ばれた鉱石は、そこから索道（リフト）で端出場まで降ろされ、下部鉄道を通って駅や港に運ばれていた。

下部鉄道は、別子銅山閉山後の昭和五十二年（一九七七年）まで存続したが、上部鉄道は、通洞《つうどう》（鉱石を運び出すための水平坑道）の完成によって不要になり、明治四十四年（一九一一年）に廃止された。わずか一八年しか使われなかったことになるが、現在も残る遺構からは、明治人の志と情熱が伝わってくるようだ。

（二〇一〇年十月取材）

JR上山田線《かみやまだせん》

福岡県

［廃止区間］
飯塚駅―豊前川崎駅

［廃止時期］
昭和63年（1988年）
9月1日

［路線距離］
25.9km

筑豊《ちくほう》本線の飯塚《いいづか》駅で降りると、三つ並んだ三角形の山がホームから見えた。駅員の鑓水《やりみず》康弘さんが「忠隈《ただくま》の三連ボタ山ですよ」と教えてくれた。

ボタ山とは、石炭を掘ったときに出る使えない捨石《すていし》（ボタ）によってできた山のことだ。いまは緑に覆われている三連ボタ山だが、昔は一本の木も生えていなかったという。上山田線が現役だった頃にこの駅から撮った写真を見せてもらうと、確かに木も草もなかった。山肌はざらざらと硬そうで、頂上はとがっている。

忠隈の炭鉱が閉山となったのは昭和四十年（一九六五年）のことだ。それからおよそ半世紀

平恒駅跡と臼井駅跡の間にそびえる巻き上げ機台座。飯塚市の指定有形文化財になっている。手前の道路が上山田線の廃線跡

の間に、ボタ山はおだやかな姿に変わっていった。

昭和五十一年（一九七六年）には筑豊地区のすべての炭鉱が閉山。石炭の中継駅だった飯塚、直方《のおがた》、中間《なかま》などの駅と炭鉱を結んでいた数多くの鉄道路線も、炭鉱の盛衰と運命を共にするように次々と廃止されていった。

今回、廃線跡をたどった上山田線は、明治二十八年（一八九五年）に飯塚―臼井《うすい》間が開通（当時は筑豊鉄道）。その後延伸を繰り返して日田彦山《ひたひこさん》線の豊前《ぶぜん》川崎《かわさき》まで達し、全長二五・九キロになったが、昭和六十三年（一九八八年）に廃止された。

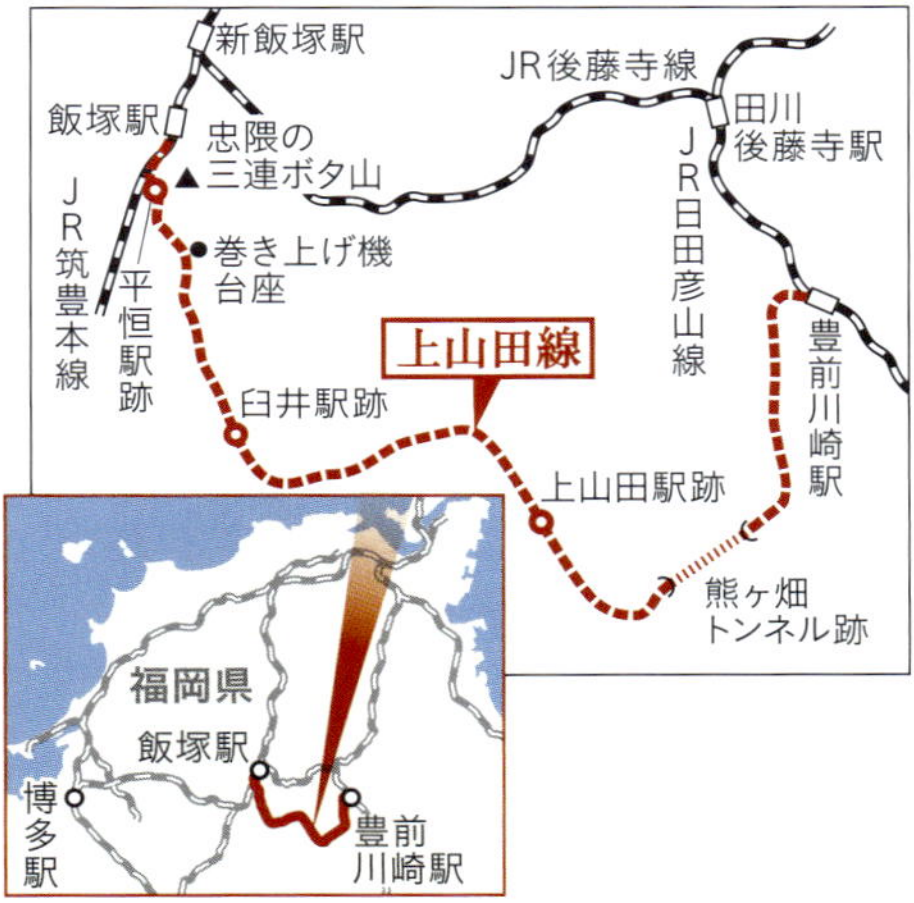

沿線最大の見ものは、平恒《ひらつね》駅跡と臼井駅跡の間にあるレンガ造りの巨大な構造物だ。坑内のトロッコをロープを使って地上に引き揚げる「巻き上げ機」の台座部分で、大正時代に造られた。筑豊各地に残る巻き上げ機台座の中でも最大級で、威風堂々という形容がぴったりの力強さだ。それも二基ある。

ふと、目の前に台座があるということは、まさに私の足の下に坑道があったということなのだと気がついた。台座の裏手の住宅街で庭仕事をしていた年配の男性に「ここも炭鉱だったんですか」と聞くと「そりゃそうたい。このあたりの地べたの下は、みーんな穴ぼこだらけですよ」という答えが返ってきた。

昭和三十年代から筑豊の炭鉱町に移住し、『追われゆく坑夫たち』などで知られる上野《うえの》英《えい》信《しん》氏らとともに文筆活動を行った森崎和江《もりさきかずえ》さんのエピソードを思い出した。初めて筑豊を歩いたとき、石炭がどのようにして採れるのか知らず、「石炭はどこに落ちているんですか」

と炭鉱労働者に尋ねると「あんたの足の下。じっと聞きなさい。地面の下で掘る音がしよろう？」と教えられたという。いまでは耳を澄ませても、聞こえるのは廃線跡の道路をひっきりなしに通るトラックの轟音《ごうおん》ばかりだ。

上山田線の各駅の跡地は公園や図書館になっていたり、ただの草地だったりと、往時の面影を残していない。しかし上山田駅跡を過ぎた先、山田川《やまだがわ》にかかる二本の橋梁《きょうりょう》はかつての姿をほぼとどめている。そこから先はレールも残っており、枕木を踏みながら築堤の上を歩くことができた。

熊ケ畑《くまがはた》トンネルまで行って飯塚駅に引き返し、田川《たがわ》市の石炭・歴史博物館に向かった。平成二十三年（二〇一一年）に世界記憶遺産に登録された山本作兵衛《やまもとさくべえ》氏の炭鉱画を見るためだ。十代から筑豊各地の炭鉱で働いた作兵衛翁は、六十代の半ばになって絵筆をとり、ともに働いてきた炭鉱労働者たちの姿を細密に描いた。

館内に作兵衛翁の肖像写真が展示してあった。九十二歳の長寿を全うしたその顔は、飯塚駅のホームにあった古いお地蔵さんに似ていた。上山田線が現役の頃、駅で石炭の積み下ろしなどをする労働者の安全祈願のために祀《まつ》られたものだと教えてくれたのは、駅員の鐺水さんである。かつてこの駅で上山田線の最後の列車を見送ったという鐺水さんが、長いホームの端を指さして「ぜひ見ていってください」と言ったのを思い出した。

（二〇一二年一月取材）

九《きゅう》州《しゅう》鉄《てつ》道《どう》大《おお》蔵《くら》線《せん》

福岡県

［廃止区間］
小倉駅—黒崎駅

［廃止時期］
明治44年（1911年）
10月1日

［路線距離］
11.5km

黒光りする柱に支えられたクラシックな大屋根が、広々としたホームを覆っている。柱に取りつけられているのは、裸電球に笠《かさ》をかけた昔風の灯《あか》り。列車からホームに足を下ろすと、一瞬、古い映画の中にいるような気分になった。

ここはJR鹿児島本線の門司港《もじこう》駅だ。今回の廃線は、九州鉄道大蔵線。大蔵線とは、小倉《こくら》（現在のJR西小倉）—黒崎《くろさき》間の一一・五キロを指すが、明治二十四年（一八九一年）の開通当時は、列車はそれより手前の門司駅（現在の門司港駅）から出発していた。そこで、まずは門司港駅にやってきたのだ。

九州で初めて鉄道を走らせたの

九州鉄道大蔵線跡に残る茶屋町橋梁。近代化産業遺産に認定されている

は、国鉄の前身である九州鉄道である。まず明治二十二年(一八八九年)に博多《はかた》―千歳川《ちとせがわ》(久留米《くるめ》の手前)間が開通、その後、東へと線路を延ばし、明治二十四年四月、小倉を経て門司までつながった。南へは、熊本、八代《やつしろ》と延びていく。これが九州鉄道の本線で、現在のJR鹿児島本線のもとになったルートだが、このうち小倉―黒崎間だけが、国有化後の明治四十四年(一九一一年)に廃止になった。海岸寄りを通る路線(戸畑《とばた》線)が開通してそちらが本線となり、支線となった大蔵線の利用が減ってしまったためだ。

門司港駅を出てしばらく歩くと、

赤レンガの堂々とした建物にぶつかった。九州鉄道の本社跡だ。現在は九州鉄道記念館となり、九州鉄道時代の木造客車や、国鉄時代の蒸気機関車などが展示されている。前庭の一角に「旧0哩《マイル》標《ひょう》」と書かれたプレートが埋め込まれていた。説明板によれば、現在の駅舎は大正三年（一九一四年）からのもので、もともとはこの場所が九州鉄道の起点だったという。大蔵線があった時代は、ここから線路が始まっていたのだ。

この地点から廃線跡をたどって歩きたかったが、一〇〇年以上の歳月は線路の痕跡を消してしまっている。そこで、いまも残る二つの遺構を訪ねることにした。どちらもレンガ造りのアーチ橋である。

ひとつ目は、小倉―大蔵間にあった茶屋町《ちゃやまち》橋梁。北九州市のホームページにあった住所を頼りに探し歩いた。暑いくらいに晴れた日で、なかなか見つからずに喉《のど》が渇き、水を買いに寄ったコンビニで聞いてみたら「すぐこの先ですよ」と店員さん。言われた通りに角を曲がると、いきなり巨大な構造物が目に飛び込んできた。どっしりとした重量感は圧倒的だ。こんなに大きいのに、アーチ部分の曲線を形づくるレンガの組み方は実に繊細で、近くで見るとその美しさがわかる。

川原では桜が散りかけていて、橋のたもとのベンチに座ってお弁当を広げていた老夫婦に「ここを鉄道が走っていたのをご存じですか」と聞くと、「いつ頃？」と問い返された。「明治時代です」と答えると、「いくらなんでも生まれていなかったよ」と、ご主人に笑われてしまった。

もうひとつのアーチ橋、尾倉《おぐら》橋梁は、大蔵―黒崎間にあった。住宅街の路地を探しあぐね、小さなマーケットで買い物をしていた年配の女性に聞いてみた。東京から来たというと、「あらー、がっかりするわぁ、きっと」。高さ制限の看板が正面に取りつけられて、見栄えが悪くなってしまったそうだ。

たどり着いてみると、「高さ2・0m」と書かれた巨大な看板がアーチ部分を隠している。確かに残念だが、安全のためには仕方ないのだろう。

帰りにマーケットをのぞき、さっきの女性がいたのでお礼を言うと、「せっかく来てくれたのにごめんね」と申し訳なさそうに言う。「前はもっときれいだったんだよ。ほんとだよ」と繰り返す彼女が、何だか好きになった。

（二〇一四年四月取材）

国《こく》鉄《てつ》佐《さ》賀《が》線《せん》

佐賀県・福岡県

［廃止区間］
佐賀駅—瀬高駅

［廃止時期］
昭和62年（1987年）
3月28日

［路線距離］
24.1km

佐賀県と福岡県の県境に、鉄道ファンの間では有名な鉄橋が架かっている。二頭の巨大なキリンが向かい合っているようなユニークな形、広い川面《かわも》に映える真っ赤な塗装——。国鉄佐賀線の筑後川《ちくごがわ》橋梁である。

この橋の特徴は、筑後川を航行する船のために、橋の中央部が昇降する構造になっていることだ。キリンの首のように見える鉄塔の部分にはガイドレールが走っており、その上で滑車が廻《まわ》ることで、ワイヤーで二三メートルの高さまで橋桁《はしげた》（可動桁）を引き上げる。

この昇降の様子を、廃線になったいまも見ることができると

佐賀市と福岡県大川市の間に架かる筑後川橋梁（国指定重要文化財）。中央部の橋桁（可動桁）を上げて船を通す。写真は橋桁が下りた状態

知ったのは最近のことだ。現役時代と同じように中央部が上下するという。さらに、可動桁が下がった状態の橋を歩いて渡ることもできると聞いて胸がときめいた。これはもう、渡りに行くしかない。

＊

昭和十年（一九三五年）に全線開業した国鉄佐賀線は、佐賀（長崎本線）―瀬高《せたか》（鹿児島本線）間の約二四キロを結んでいた。通勤や通学のほか、工場の原料輸送や、大川《おおかわ》市の主要産業であった家具の流通に活用されていた。廃止されたのは、昭和六十二年（一九八七年）である。

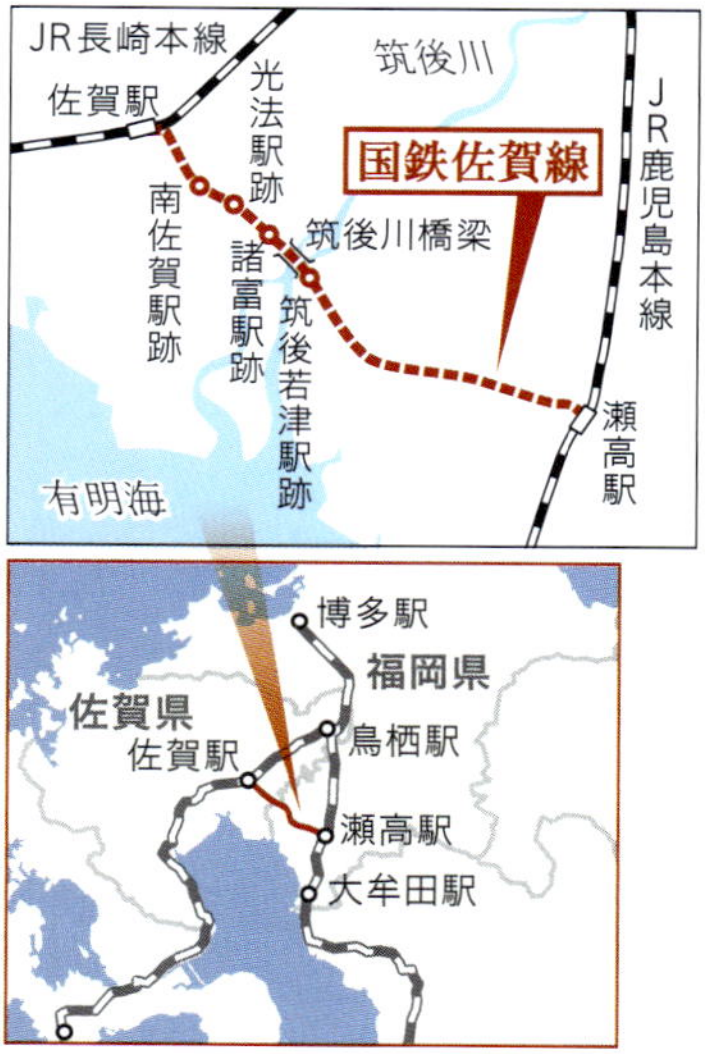

　JR佐賀駅から筑後川橋梁を目指して歩き始めた。佐賀駅には、かつて佐賀線が発着していたホームがいまもあり、レールは撤去されているものの、白っぽく風化した枕木がわずかに残っていた。南佐賀駅跡から先はサイクリングロードとして整備され、光法《みつのり》駅跡にはホームと駅名標が残っている。

　現在は体育館が立っている諸富《もろとみ》駅跡を過ぎ、ゆるやかな上り坂を越えると、目の前に川の景色が広がった。すぐ先で独特のシルエットを見せているのが筑後川橋梁だ。

　予想していた以上の大きさに圧倒される。橋の手前にあった説明板によれば、全長は約五〇七メートル。竣工《しゅんこう》は、佐賀線が開通した昭和十年で、現存する可動橋としては最古のものだという。

　着いたときは可動桁は上がっていたが、しばらくしてゆっくりと下りてきた。何ともダイナミックな眺めだ。完全に下りきって両側の橋桁と同じ高さになると、徒歩で渡ることができる（日中、三〇分おきに約三〇分間。原則月曜休み）。

レールと枕木は撤去されているが、こんなに立派な鉄道橋を徒歩で渡る機会はなかなかない。昇降の操作を行っていた人によれば、このあたりは筑後川が有明海《ありあけかい》にそそぐ河口に近く、港も近いので、かつては盛んに船が行き交っていたという。

「だから、可動桁は上がっているのが基本。汽車の通る時間に合わせて下ろしていたんです」

話していると、大きな鳥が飛んできて鉄塔のてっぺんに止まった。

「ハヤブサですよ。数年前からこの季節になると、一羽だけ飛んでくるんです」

ハヤブサはやがて、岸に向かって悠々と飛び去った。こちらも何だかゆったりした気分になる。

橋を渡り終わると、小さな広場になっていた。筑後若津《ちくごわかつ》駅跡だ。橋の上で買った絵はがきセットを見ると、こちら側から撮影された写真が多い。持っていたカメラのファインダーをのぞくと、ちょうど絵になるアングルだ。やっぱりキリンに似てる、と思いながらシャッターを切った。

（二〇一三年七月取材）

大分《おお》交通《こうつう》耶馬渓《やばけい》線《せん》

大分県

［廃止区間］
中津駅－守実温泉駅

［廃止時期］
昭和50年（1975年）
10月1日

［路線距離］
36.1km

ペダルを漕《こ》ぎはじめた頃はそっけなかった陽射《ひざ》しが、次第にやわらかさを帯びてきた。あちこちに咲く梅の花が目を楽しませてくれる。早春の九州は、廃線サイクリングの醍醐味を存分に味わわせてくれる。

大正二年（一九一三年）に開業し、昭和五十年（一九七五年）に全線廃止となった大分交通耶馬渓線は、約三六キロのほぼ全線が自転車専用道路として整備されている。鉄道線路は大きなアップダウンや急カーブがないよう設計されているため、自転車道に適しているのだ。

廃線跡を利用したサイクリングロードはほかにもあるが、ここ耶馬渓は九州でも有数の景勝地。そそり立つ奇岩が左右に迫る絶景の中、山国川《やまくにがわ》の清流に沿って走ることができる。

沿線に二か所ある自転車の貸し出し施設にはスポーツタイプの自転車もあったが、普段はまったく自転車に乗ることのない身としては乗りこなす自信がなく、前カゴ付きのママチャ

柿坂駅跡近くにかかる山国川第二橋梁。レールが撤去され、舗装された自転車道となったほかは、廃止前の姿をほぼそのままとどめている

りを選択。かつてもっとも賑《にぎ》わったという耶鉄柿坂《やてつかきざか》駅跡から、「青の洞門《どうもん》」で知られる洞門駅跡までの約一〇キロを走ることにした。

ローカル線に乗るときは先頭車両に陣取り、運転席の後ろに立って、前方に延びるレールと左右に流れていく景色を見るのを至上の喜びとしているが、ママチャリとはいえ、風を切ってフルスピードで走っていると、ありし日の耶鉄《やてつ》（地元の人たちはそう呼ぶ）の運転席にいるような気分になる。特に橋を渡るときの気分は爽快《そうかい》だ。

この廃線跡には橋が多い。中でも耶鉄柿坂駅跡から一キロの地点にかかる山国川第二橋梁は、ほかではめったに見られないカーブした鉄道橋として知られている。渓谷に映える鮮やかな赤い橋を、どっしりした石組みの橋脚が支える姿は美しい。

鉄道橋以外にも山国川には古い石橋がいくつもかかっていて、ときどき自転車を降り、いにしえの旅人が渡ったであろう旧道の苔《こけ》むした石橋を徒歩で渡ってみるのも楽しい経験だった。ところどころに残る、岩をそのまま穿《うが》ったような素朴なトンネルも見ものだ。

一方で、駅の跡はあまり残っていない。たとえ駅舎やホームが撤去されていても、旧駅前には商店や郵便局などが残り、そのあたりに駅があったことがわかる場合が多いのだが、それもほとんどない。

「駅がなくなるとそのうち店もなくなってしまった。もうずっと前から、車で中津《なかつ》まで出ないと、日用品の買い物もできない。バスの本数も少ないし、年寄りなんかは大変だよ」と沿線で農作業をしていたおじさんが言っていた。

耶馬渓線が廃止されたのは、ほぼ並行して走る国道の整備が進んだことが大きい。親会社は主力をバスに転じたが、自家用車の普及とともに、その本数は減っていった。今度は車がないとなかなか出かけられない状況になり、お年寄りなどに〝買い物難民〟を生むことになった。昭和五十年代に鉄道がなくなったこの地域は、いま全国で起こっているような状況を、いち早く経験したといえる。

サイクリングの翌日、今度は徒歩で廃線跡を歩き、鄙《ひな》びた景色に改めて魅了された。景観をそこなう目障りなものが何もないのだ。しかしここで生活する人にとっては雑然としていても活気があるほうがいいに決まっている。

鉄道には人や物を運ぶだけでなく駅を中心とした生活圏を作る役割がある。それがなくなることは、地域の暮らしの拠点が失われてしまうことなのだと気づかされた。

（二〇一〇年二月取材）

高《たか》千《ち》穂《ほ》鉄《てつ》道《どう》

宮崎県

［廃止区間］
延岡駅—高千穂駅

［廃止時期］
平成20年（2008年）
12月28日

［路線距離］
50.0km

切り立った崖の上にホームが細く延び、はるか下に川の音を聞く影待駅《かげまち》。水面から一〇五メートル、東洋一の高さといわれた高千穂鉄橋——。延岡《のべおか》と高千穂を結んでいた高千穂鉄道は全長五〇キロ。川の気配を身近に感じながら、山と谷の間をすり抜けるようにして走る、全国有数の絶景路線だった。

その高千穂鉄道を、平成十七年（二〇〇五年）九月、未曽有《みぞう》の暴風雨が襲う。全国各地に甚大な被害をもたらした台風14号である。線路は寸断され、二か所の鉄橋が流失し

九州

槇峰（まきみね）駅と亀ヶ崎駅の間にある綱ノ瀬橋梁。アーチ状のコンクリート橋が連なっている。後方の新しい橋は、国道218号の槇峰大橋

て全線が不通に。復旧の資金が集まらず平成二十年（二〇〇八年）十二月に廃止となった。

現在、地元の有志による「高千穂あまてらす鉄道」が、被害の少なかった高千穂方面を鉄道公園とすることを目指し、高千穂駅構内の整備や各種のイベントを行っている。特に人気を集めているのが、高千穂―天岩戸《あまのいわと》間を走るスーパーカート（八人乗りのトロッコ）だ。実は私も、これに乗るのを楽しみにやってきた。

スーパーカートには屋根が

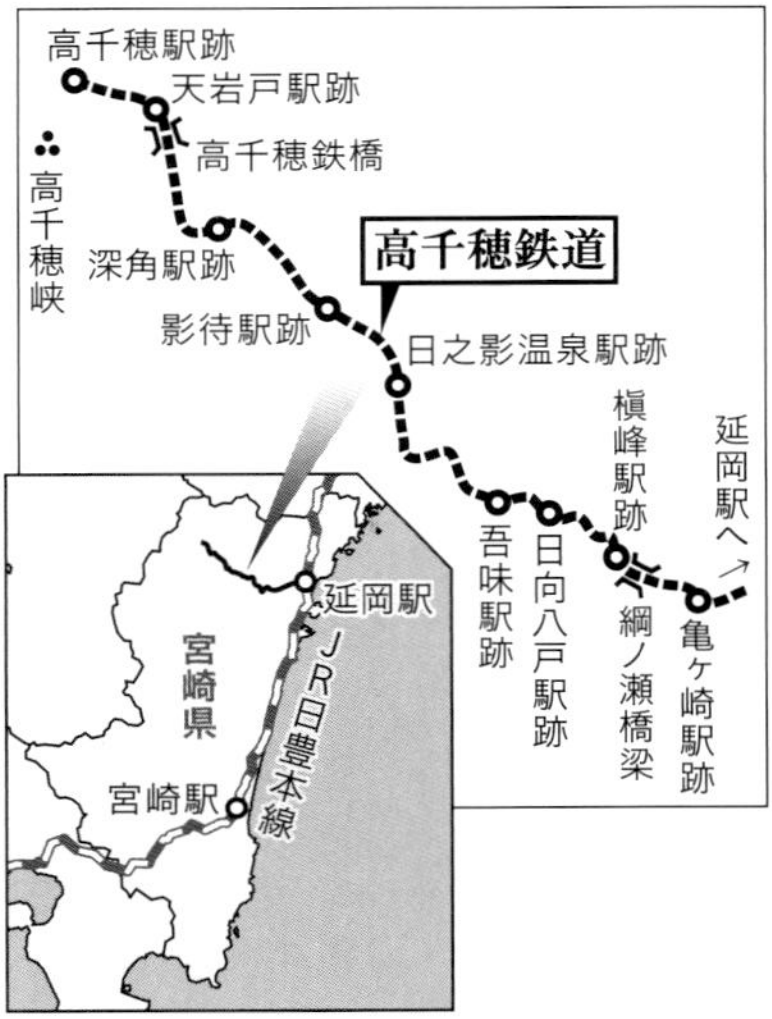

なく、三六〇度、見晴らしは最高だ。トロッコが走り出すと、周囲の景色が眼前に迫っては後方へ飛び去っていく。

特にトンネルに入るときの、闇に吸い込まれていくスリルは何ともいえない。真っ暗な中、前方に出口が見え始めると、かすかに射し込む光で、暗闇の中に二本のレールが銀色に浮かび上がる。忘れられない鮮烈な体験になった。

廃線にはなったものの、高千穂駅から日《ひ》之《の》影《かげ》温泉《おんせん》駅までのレールは、いまも列車を走らせることのできる状態だという。このスーパーカートはあくまでも遊具で車両ではないが、かつて多くの人を運んだ鉄路をこのまま荒れさせたくないという地元の人たちの願いがこもっているように思えた。

実は高千穂駅ではもうひとつ、全国でもめずらしいイベントを行っている。実際に高千穂線を走っていたディーゼル気動車の運転体験だ。元乗務員の指導を受けながら、駅構内を往復約九〇〇メートル運転できる。ホームで停止させ、ドアを開閉するところまでやるそうで、

「走らせることより停止位置でぴったり止めることのほうが難しいようです」と、あまてらす鉄道の田原忍さん。こうした試みからも、地域の財産である鉄道を活用する場を作りたいという思いが伝わってくる。

天岩戸駅を後にして、亀ヶ崎《かめがさき》駅までを車と徒歩でたどった。線路に寄り添うように流れる五ヶ瀬《ごかせ》川は、流れの速い瀬や、静かな淵《ふち》、ダム湖など、さまざまな表情を見せる。この川には有名な景勝地・高千穂峡があるが、絵はがきのようなその風景よりも、線路跡や廃駅から眺める川の景色の方が魅力的に見えた。

吾味《ごみ》駅から日向八戸《ひゅうがやと》駅までは遊歩道が整備されている。川を渡り、トンネルを抜け、ゆっくり歩いて約一五分。途中、森の色を映したような緑色の小さなヘビが、細い身体を波打たせてレールを横切っていった。初めて、ヘビをきれいだと思った。

（二〇一一年四月取材）

鹿《か》児《ご》島《しま》交《こう》通《つう》南《なん》薩《さつ》線《せん》

県道から分かれた細い道をたどっていくと、鬱蒼《うっそう》とした木立に囲まれた細長い広場に出た。中央に走る段差はホームの跡だ。

「ここでしょ？　お客さんが来たかったのは。ほら、給水塔もあるよ」

案内してくれたタクシーの運転手さんが、ホームの端にそびえる石造りの構造物を指さす。四角くて巨大なそれは、蒸気機関車に水を供給するために作られた施設である。南九州の強い陽射しに照らされた姿は、どこかの遺跡のようだ。

鹿児島県

［廃止区間］
伊集院駅―枕崎駅

［廃止時期］
昭和59年（1984年）
3月18日

［路線距離］
49.6km

上日置駅跡には、ホームと給水塔が残る。木立に囲まれた、静かで明るい空間だ

ここは、鹿児島交通南薩線の上日置《かみひおき》駅跡。鹿児島交通南薩線は、大正三年（一九一四年）に南薩鉄道として伊集院《いじゅういん》—加世田《かせだ》間が開通し、その後、昭和六年（一九三一年）に枕崎までがつながって全長四九・六キロとなった。昭和三十九年（一九六四年）に経営が変わって鹿児島交通南薩線となったが、昭和五十八年（一九八三年）の集中豪雨で大きな被害を受け、翌五十九年（一九八四年）に廃止になっている。

廃線歩きをスタートした

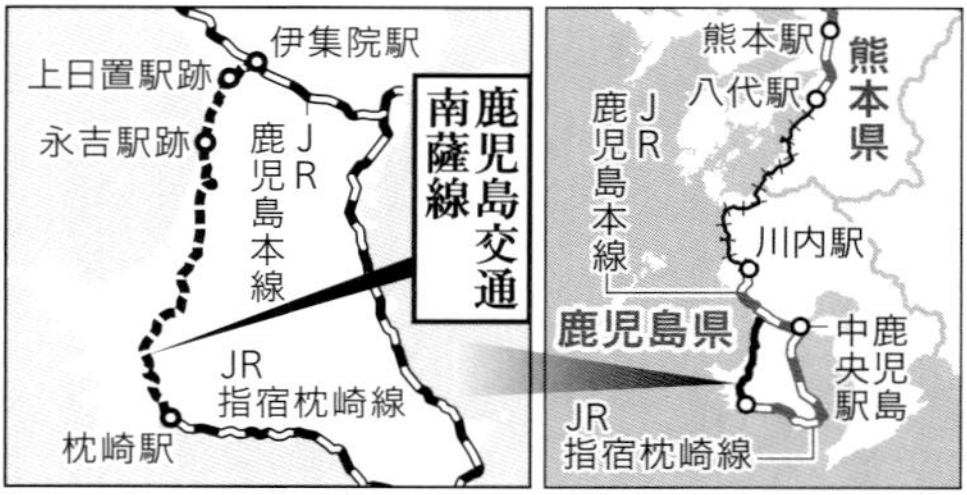

のは、ＪＲ鹿児島本線の伊集院駅である。鹿児島交通南薩線の伊集院駅もかつてはここにあった。線路の跡は、駅から出てしばらくはかろうじてたどることができるが、やがて川にぶつかり、その先は山の中に消えている。とりあえず徒歩はあきらめて伊集院駅まで戻り、近くのタクシー営業所に行ってみた。駐車場にいた数人の運転手さんに、南薩線の跡がわかる方はいませんか、と聞いてみる。

「○○ならわかるかな?」「△△がここの出身だから、そっちのほうがいいんじゃないか」などと協議の結果、六十代くらいの運転手さんを呼んできてくれた。

「線路はほとんど消えてるね。ところどころ、農道になってるかな」

給水塔のある上日置駅をぜひ見たいと言うと、「あー、そこは残ってる。前後にはちょっと線路の跡もあるよ」。そんなわけで、今回はこの運転手さんのお世話になることにしたのだった。

上日置駅は、伊集院駅を出発して最初の駅である。周囲の山の木の伐採に来たという男性が三人、かつてホームだった段差のところに腰かけて弁当を広げていた。確かにお昼を食べるのにちょうどいい場所だ。廃止されてからおよそ四半世紀、荒れ果てて草ぼうぼうの様子を想像していたのだが、草はきれいに刈られ、林の中でそこだけ明るく開けた、不思議に気持ちのいい空間になっていた。

駅の前後には、運転手さんの言った通り、線路跡がかすかに残っている。レールはもうないが、地面に半ば埋まった枕木を発見することができた。

その後も、線路跡と近づいたり離れたりしながら県道を進む。

「うちのじいさんの話では、鉄道が開通する前、ここいらの人たちは枕木にする木を売ってずいぶん潤ったそうだよ」と運転手さん。大正時代のことで、山から伐《き》り出した材木は馬車で運んだという。

やがて廃線跡はサイクリングロードになり、永吉川《ながよしがわ》にさしかかる。海に注ぐ直前の、広くゆったりとした流れである。ここを渡っていた鉄道橋の橋脚が川の中に残っていた。どっしりした石積みで風格がある。その先の永吉駅跡は道端にホームだけが残っていた。ここでUターンして伊集院駅に引き返す。

本当は自分の足で廃線をたどるのが一番いいのだが、こうして地元の運転手さんにいろいろ教えてもらうのも楽しいものだ。お別れにペットボトルのお茶で乾杯して、タクシーを降りた。

（二〇一四年五月取材）

おわりに

五歳になる年の夏、父親の転勤で九州から北海道へ引っ越した。親子五人、鉄道で日本をほぼ縦断する大移動で、途中、開通まもない東海道新幹線にも乗っている。三人の子供を連れての長旅に父も母も疲れ果てたのではないかと思うが、子供たちにとってはまさに非日常の胸おどる経験だった。車窓を流れる景色もシートに伝わる振動も駅弁の彩りも、幸福な記憶として刻まれたのだろう。以来、鉄道の旅をこよなく愛するようになった。現在の私はノンフィクション作家という仕事柄、取材や資料の閲覧などのために全国各地に出かけるが、北海道でも九州でも時間が許すかぎり飛行機には乗らず鉄道で行く。

そんな私が廃線に魅せられたのは、子供の頃から地図を見るのが好きだったこと（これも幼い日の列島縦断の旅に起因しているのかもしれない）に加え、ここ十何年か歴史にかかわる取材を多くしていることが関係しているように思う。

地面の上を水平方向に移動するのは地理的な旅であるが、廃線歩きにはこれに、過去に向かって垂直方向にさかのぼる歴史の旅が加わる。廃線の旅の必携アイテムは地図と年表で、この両方をポケットに入れて歩いていると、廃線とは、地理と歴史が交わる場所であることに気づく。

天災、戦争、線路の付け替え、モータリゼーションの普及、そして過疎。さまざまな理由で鉄道は消えていった。だが昔の路盤を歩いていると、いま自分が踏んでいる土の上を、かつて多くの人々の人生を乗せて列車が走っていたことを実感するのである。

土地は歴史を記憶する――過去に戦地だったところを含む〝現地〟で取材を重ねてきた経験から、私はそう思っている。そこへ行き、自分の足で地面を踏みしめることで、過去への回路が開かれるのだ。

本書は、平成二十二年（二〇一〇年）一月から同二十六年（二〇一四年）十二月まで、読売新聞の土曜夕刊に連載した「梯久美子の廃線紀行」の中から五〇本を選んでまとめたものである。現地の状況は、取材時（各回の末尾に記した）のものだが、大きく状況が変わっている場合は【その後】として追記した。

取材では各地の郷土資料館や図書館、鉄道記念館を活用させてもらい、自治体発行のパンフレットや案内書も役に立った。そのほかにも多くの資料を参考にしたが、つねに座右に置き、現地にも携行したのは、今尾恵介編著『新 鉄道廃線跡を歩く』1～5（JTBパブリッシング）と、今尾恵介監修『日本鉄道旅行地図帳』各巻（新潮社）で、この二つのシリーズには本当に助けられた。特に記してお礼を申し上げる。

連載中は読売新聞文化部の片岡正人さんと清岡央さんが担当してくださった。五年間の長きにわたって連載を続けることができたのは、自由気ままな旅のスタイルを許し、盤石のデータチェックで支えてくださったお二人のおかげである。また、中公新書としてまとめるに当たっては、中央公論新社の並木光晴さんにお世話になった。行き届いた配慮とあたたかい励ましに心から感謝している。

梯　久美子

平成二十七年六月

地図作成　読売新聞社
DTP　市川真樹子

梯 久美子（かけはし・くみこ）

ノンフィクション作家．1961年（昭和36年），熊本県に生まれる．北海道大学文学部卒業．編集者を経て文筆業に．『散るぞ悲しき　硫黄島総指揮官・栗林忠道』（新潮文庫）で第37回大宅壮一ノンフィクション賞を受賞．他の著書に，戦争体験を取材した三部作『昭和二十年夏、僕は兵士だった』『昭和二十年夏、女たちの戦争』『昭和二十年夏、子供たちが見た戦争』（いずれも角川文庫），『硫黄島 栗林中将の最期』（文春文庫），『世紀のラブレター』（新潮新書），『百年の手紙　日本人が遺したことば』（岩波新書）などがある．

カラー版《ばん》 廃線紀行《はいせんきこう》
— もうひとつの鉄道旅《てつどうたび》
中公新書 2331

2015年7月25日初版
2015年8月30日再版

著　者　梯　久美子
発行者　大橋善光

本文印刷　三晃印刷
カバー印刷　大熊整美堂
製　本　小泉製本

発行所　中央公論新社
〒100-8152
東京都千代田区大手町 1-7-1
電話　販売 03-5299-1730
　　　編集 03-5299-1830
URL http://www.chuko.co.jp/

Published by CHUOKORON-SHINSHA, INC.
Printed in Japan　ISBN978-4-12-102331-5 C1265

中公新書刊行のことば

一九六二年一一月

いまからちょうど五世紀まえ、グーテンベルクが近代印刷術を発明したとき、書物の大量生産は潜在的可能性を獲得し、いまからちょうど一世紀まえ、世界のおもな文明国で義務教育制度が採用されたとき、書物の大量需要の潜在性が形成された。この二つの潜在性がはげしく現実化したのが現代である。

いまや、書物によって視野を拡大し、変りゆく世界に豊かに対応しようとする強い要求を私たちは抑えることができない。この要求にこたえる義務を、今日の書物は背負っている。だが、その義務は、たんに専門的知識の通俗化をはかることによって果たされるものでもなく、通俗的好奇心にうったえて、いたずらに発行部数の巨大さを誇ることによって果たされるものでもない。現代を真摯に生きようとする読者に、真に知るに価いする知識だけを選びだして提供すること、これが中公新書の最大の目標である。

私たちは、知識として錯覚しているものによってしばしば動かされ、裏切られる。私たちは、作為によってあたえられた知識のうえに生きることがあまりに多く、ゆるぎない事実を通して思索することがあまりにすくない。中公新書が、その一貫した特色として自らに課すものは、この事実のみの持つ無条件の説得力を発揮させることである。現代にあらたな意味を投げかけるべく待機している過去の歴史的事実もまた、中公新書によって数多く発掘されるであろう。

中公新書は、現代を自らの眼で見つめようとする、逞しい知的な読者の活力となることを欲している。